Schulerinnerungen aus Schleswig-Holstein

Herausgegeben
von
Günter Rickers

Husum

Umschlagbild: Kleinkinderschule in einem holsteinischen Dorfe

CIP-Kurztitelaufnahme der Deutschen Bibliothek

Schulerinnerungen aus Schleswig-Holstein / hrsg. von Günter Rickers. – Husum : Husum Druck- und Verlagsges., 1987.
(Husum-Taschenbuch)
ISBN 3-88042-332-6

NE: Rickers, Günter [Hrsg.]

Satz: Fotosatz Husum GmbH
Druck und Verarbeitung: Husum Druck- und Verlagsgesellschaft
Postfach 1480, D-2250 Husum

ISBN 3-88042-332-6

Einleitung

Schule und Lehrer spielen im Leben eines jeden Menschen eine bedeutende Rolle. Wie oft schweift unsere Erinnerung gerade in diese Zeit zurück!

Ein Leben lang, bis in das hohe Alter, ist die Schule Gesprächsstoff für den Menschen, vorzugsweise die eigene Schulzeit. Was sind die Gründe? Der Eintritt in die Schule bildet in der Kindheit einen scharfen Einschnitt. Zum erstenmal kommt der junge Mensch mit einer in sich geschlossenen Welt außerhalb der Familie in Berührung und lernt hier die Forderungen, Pflichten und Gesetze einer Gemeinschaft kennen. In der Schulklasse werden nicht nur Wissen und Erfahrungen vermittelt, sondern auch Freude und Leid geteilt. Die Schule ist ein Lebensabschnitt, in dem das Kind und der Jugendliche nachhaltig geprägt und geformt werden – von Gutem und Bösem.

Aus den vielen Schulerinnerungen, die in Lebenserinnerungen oder als Niederschlag in Erzählungen enthalten sind, konnte in diesem Band nur eine begrenzte Auswahl berücksichtigt werden. Diese Auswahl kann selbstverständlich nicht „repräsentativ" sein, dazu war das Schulwesen in den vergangenen Zeiten zu vielgestaltig, und zu groß waren die Unterschiede von Schule zu Schule.

Es wurde versucht, solche Texte auszuwählen, die in besonders anschaulicher und lebendiger Weise über Schule berichten. Über Schulgesetze, Verordnungen, Erlasse, Unterrichtspläne und Ideen berühmter Pädagogen gibt es bekanntlich eine große Zahl von Veröffentlichungen. Sie geben in erster Linie Auskunft über den Zustand und die Entwicklung des schleswig-holsteinischen Schulwesens in bestimmten Zeiträumen. Sie erwähnen jedoch nicht, wie Schule und Unterricht von den Betroffenen – den Schülern und Lehrern – erlebt wurden. Welche Empfindungen hatten die jungen Menschen? Wie war das Verhältnis zwischen Lehrern und Schülern?

Diesen Fragen soll im vorliegenden Band nachgegangen werden. In zeitgenössischen Berichten aus Biographien erfahren wir „aus erster Hand", wie der Schulalltag damals ausgesehen hat. Autobiographische Texte können sicherlich nicht in jedem Fall einfach verallgemeinert werden. Der Autor sieht die Geschehnisse durch seine „persönliche Brille", was zu gelegentlichen Verzerrungen in der Darstellung der Wirklichkeit führen kann. Aber kann nicht auch die Erinnerung – vorzugsweise älterer Menschen – der Wirklichkeit eher gerecht werden als die spontane Mitteilung bei einer Befragung oder die unmittelbare Beobachtung? Erst beim zwanglosen Sich-Erinnern kann der Mensch anderen Individuen Gerechtigkeit widerfahren lassen!

Die vorliegenden Texte stammen aus drei Jahrhunderten und sind chronologisch geordnet (ältere Texte wurden der heutigen Rechtschreibung angepaßt). Sie beziehen sich vornehmlich auf die Volksschule, diejenige Schulart also, die von den meisten Kindern besucht wurde. Noch im 19. Jahrhundert waren über 90 % der Schüler Volksschüler.

Die Erinnerungen stammen von bekannten Dichtern wie Friedrich Hebbel und Johann Hinrich Fehrs, von schleswig-holsteinischen Lehrern, die durch Veröffentlichungen oder durch ihre Tätigkeit in Lehrervereinen eine gewisse Bekanntheit erlangt haben – daneben aber auch von Personen, deren Namen kaum jemand kennt, die jedoch durch ihre lebendigen Schilderungen beeindrucken.

In den meisten Erinnerungen schildern die Autoren, wie sie die Schule als Schüler erlebt haben. Es wurden jedoch auch einige weitere Texte herangezogen, in denen Junglehrer-Erlebnisse dargestellt werden. Diese andere Sichtweise macht es möglich, Eindrücke von der früheren Lehrerausbildung zu geben.

In den Texten wird deutlich, wie sich das Verhältnis zwischen Schülern und Schule, zwischen Schülern und Lehrern unausgesetzt wandelt, wie es sich unterscheidet nach den sozialen Verhältnissen, unter denen das Kind aufwächst – und unter denen der Pädagoge zu unterrichten hat. Sie lassen zugleich auch erkennen, was gute Lehrer für ein Menschenleben bedeuten.

Die vorliegenden Erinnerungen beginnen am Ende des 18. Jahrhunderts. Aus der Schulgeschichtsforschung ist bekannt, daß sich hier der entscheidende Schritt zu einem modernen Schulwesen vollzogen hat. Was in dieser Zeit an Veränderungen gerade im niederen Schulwesen vor sich gegangen ist, war eng mit der allgemeinen Aufklärung und speziell mit der Volksaufklärungsbewegung im 18. Jahrhundert verknüpft. Das galt auch für Schleswig-Holstein, das zu dieser Zeit unter dänischer Verwaltung stand.
1781 und 1787 wurden die ersten schleswig-holsteinischen Lehrerseminare in Kiel und Tondern eröffnet. Die Schulmeister, die ihre Ausbildung bisher vor Ort in der Schule erfahren hatten – man nannte sie kurz die „Autodidakten" –, erhielten nun Konkurrenz von Seminaristen, die eine mehrjährige fachliche Ausbildung genossen hatten.

Ein weiterer Meilenstein auf dem Weg zu einem fortschrittlichen Schulsystem war die Allgemeine Schulordnung für die Herzogtümer Schleswig und Holstein von 1814. Damals wurde bereits die neunjährige Schulpflicht für Jungen eingeführt, die im überwiegenden Teil Deutschlands erst nach 1945 verwirklicht worden ist.

Die Auswirkungen dieser Maßnahmen auf den Schulalltag waren

jedoch zunächst gering. Der Geschäftsgang in den Behörden war gemütlich und weitherzig. Vor allem scheiterten die Bemühungen an der ungenügenden Vorbildung und Unfähigkeit vieler Lehrer. Die Anzahl der neu ausgebildeten Seminaristen blieb noch lange Zeit viel zu gering.

Es ist schwer, über die Schulen in dieser frühen Zeit etwas Allgemeinverbindliches zu sagen – zu groß waren die Unterschiede zwischen den Schulen. Was die Lerninhalte im niederen Schulwesen, dem Vorläufer der späteren Volksschule, betrifft, reicht die Skala vom Erlernen der Kulturtechniken Lesen, Schreiben, Rechnen, einem ausführlichen Religionsunterricht und sogar einigen naturkundlichen und historischen Kenntnissen – besonders in gut ausgebauten städtischen Schulen – bis hin zum Stammeln des ABC und Herunterleiern des Vaterunser bei einem unfähigen Dorfschulmeister. Der Unterricht war meist hart und streng, der Stock das wichtigste Lehrmittel. Das Auswendiglernen war die beherrschende Form der Aneignung der weitgehend kirchlich geprägten Unterrichtsstoffe. Längst nicht alle Kinder besuchten eine Schule, diejenigen, die es taten, oft nur für wenige Jahre, auf dem Land obendrein vielfach nur während des Winterhalbjahres.

Natürlich waren die Lehrstoffe an den wenigen höheren Schulen – die Zahl der Gelehrtenschulen wurde 1814 in beiden Herzogtümern auf neun begrenzt – sehr viel umfangreicher. Hier standen die alten Sprachen, vor allem Latein, eindeutig im Vordergrund. Die Lehrer hatten eine akademische Ausbildung genossen und waren finanziell deutlich besser gestellt als ihre Kollegen an den niederen Schulen.

Von der Schule haben Obrigkeit, Eltern und Mitbürger immer schon Dienste erwartet, die weit über das bloße Unterrichten der Kinder oder ihre Erziehung in der Schule hinausgingen. Dazu gehörte zum Beispiel, bei der Ernte zu helfen, Ernteschädlinge zu vernichten, öffentliche Feste mitzugestalten oder Ehrentage zu verschönern. Eine wichtige Einnahmequelle für die Lehrer war das Umsingen in den Wochen um Weihnachten. Die Einkünfte der Lehrer bestanden ja damals zu einem Großteil aus Naturalien.

Als eine Last haben Lehrer und Schüler häufig die umfangreichen Dienstleistungen für die Kirche empfunden. Die Lehrer mußten mit ihren Schülern bei Gottesdiensten und anderen kirchlichen Veranstaltungen Chorgesang und Kirchenmusik bestreiten, bei Hochzeiten und Kindstaufen den Chor stellen und „die Leichen hinsingen". Stundenlang in der kalten Kirche zu stehen oder bei Wind und Wetter bei Beerdigungen zu singen, war für die Kinder wenig verlokkend, zumal das Entgelt dafür gering war. Für manche Lehrer – so

Georg Friedrich Schumacher in seinen Erinnerungen – war jedoch die Leichengebühr eine geschätzte Einnahmequelle. Erst das 20. Jahrhundert hat die Schule von solchen Lasten befreit.

Die in den zwanziger Jahren des 19. Jahrhunderts in Schleswig-Holstein eingeführte „wechselseitige Schuleinrichtung“ veränderte den Schulalltag in vielen Klassenzimmern. Die Grundidee war, den Lehrer, der hundert und mehr Schüler vor sich hatte, durch den Einsatz von Gehilfen – besonders älterer und begabter Schüler – zu entlasten.

Der Einsatz von Gehilfen aus den Reihen der Schüler bedeutete nichts Neues, nur wurde er hier so konsequent und systematisch angewendet, daß der Lehrer fast in den Hintergrund trat. Disziplin war Voraussetzung für einen solchen Unterricht; Vorbild war denn auch die militärische Führung eines Regiments.

Als 1867 die Herzogtümer Schleswig und Holstein in das Königreich Preußen eingegliedert wurden, erfuhr besonders die Lehrerbildung größere Aufmerksamkeit. Neue Seminare wurden gegründet, da die bestehenden immer noch nicht den Bedarf an fachlich ausgebildeten Lehrkräften decken konnten. Um 1870 hatte erst rund die Hälfte der Volksschullehrerschaft eine Seminarausbildung.

Unter der neuen Regierung änderten sich auch die Festanlässe. Wichtigste Ereignisse im Schuljahr waren nun Kaisers Geburtstag und der Sedantag am 2. September, der gerade an Gymnasien als herausragender patriotischer Gedenktag gefeiert wurde.

Die politische Wende 1918 brachte grundlegende Reformen. Die Lehrerseminare wurden aufgelöst, an ihre Stelle trat eine akademische Ausbildung für die angehenden Volksschullehrer. Die geistliche Schulaufsicht fiel, eine lange Tradition wurde damit endgültig abgeschlossen. Alle Schüler erhielten nun in der neugeschaffenen Grundschule in den ersten vier Schuljahren gemeinsamen Unterricht. Die bisherigen Vorschulen an den höheren Schulen wurden abgeschafft.

Der Nationalsozialismus führte wiederum zu tiefgreifenden Veränderungen. Die Typenvielfalt im höheren Schulwesen wurde rigoros beschnitten, die Schuldauer auf acht Jahre verkürzt. In allen Schulen trat die intellektuelle Bildung gegenüber der körperlichen und seelisch-charakterlichen, womit in erster Linie national-sozialistische Gesinnung gemeint war, zurück.

Über die historischen Fakten des Nationalsozialismus sind wir gut informiert, wie aber sah der Schulalltag aus? Die Beispiele von Werner Gilde und Peter Wapnewski geben einen Eindruck davon, wie unterschiedlich das unmenschliche Erziehungssystem gelebt und erlebt wurde, wie es erfüllt und wie ihm widerstanden wurde.

Während des Krieges – vor allem gegen Ende – begann sich die Schule langsam aufzulösen. Mit der Evakuierung der Schulen aus den zerbombten Städten, mit der „Kinderlandverschickung“, dem Einsatz der älteren Schüler als „Flakhelfer“, hatte eine geordnete Schulerziehung praktisch aufgehört.

Nach 1945 setzte unter größten Schwierigkeiten der Unterricht wieder ein. Noch lange fehlte es an Schulen, Unterrichtsmaterial und vor allem an Lehrpersonal. Der Flüchtlingsstrom nach Schleswig-Holstein ließ die Schülerzahl schnell ansteigen und verschärfte die ohnehin katastrophale Situation. Insbesondere die Ernährungslage der Schulkinder war besorgniserregend. Aber schon bald hieß es wieder: „Kinnerfest ward wedder fieert!“

Günter Rickers

Schule in St. Michaelisdonn (um 1784)

Klaus Harms

Näher zur Beschreibung dieser Schule. Zuerst die Sprache: Ob der Lehrer und die Schüler hochdeutsch sprachen, kann ich mich nicht erinnern, hab' ich seit vielen Jahren mich nicht erinnern können; der Lehrer wird ja wohl hochdeutsch gesprochen haben, wir auch viel hochdeutsch geantwortet haben, aber ein gelerntes, und in der Katechisation; sonst war Verkehr zwischen Schülern und Lehrer durchweg plattdeutsch. Fleißig, recht sehr fleißig war der Lehrer im Schulhalten; in den kürzesten Tagen hielt er für die nächstwohnenden Kinder, d. h. für die in dem mittleren Teile des Donns wohnenden, des Morgens bei Licht Schule, also, daß wir mit dem halben Vormittag fertig waren, wenn die Schüler vom Süder- und Norderdonn kamen. Strenge war er, brauchte bei den Kleineren die Rute, bei den Größeren den Stock. Ach! wie manchmal habe ich den letzteren gefühlt! Unsere Bücher waren, wie schon erwähnt, die Stufenbücher Fibel, Katechismus, Evangelienbuch, Neues Testament, die ganze Bibel; dann das Gesangbuch, und bei den Größeren Hübners biblische Historien; letztere wurden auswendig gelernt, wöchentlich eine. Die Länge des ganzen Schulgangs war von der Fibel bis zur Bibel; doch wurden zuweilen einige konfirmiert „aus dem Neuen Testament"; das war in Ähnlichkeit damit, wenn jemand aus Sekunda zur Universität übergeht. Drei Katechismen waren im Gebrauch, Luthers kleiner Katechismus, ein Auszug dann aus dem großen Pontoppidanischen, und dieser letztere selbst. Daraus täglich aufgesagt, so wie wöchentlich ein Gesang, ganz oder halb. Das jetzige Gesangbuch, so wie der jetzige Katechismus wurden während meiner Schulzeit, in den letzten 80er Jahren, eingeführt. Das Gesangbuch war uns Schülern gleichgültig; aber den neuen Katechismus verachteten wir wegen seiner Kleinheit. Indes, Antje Kohlsaat und ich, wir waren die beiden ersten, die ihn durchmachten, mit seinen Anmerkungen. Wahrlich, eine schwere Gedächtnisprobe! In dem großen Katechismus hatte ich auch gelernt, war aber in demselben nicht bis zur 505ten Frage gekommen, welche wir, als die längste, „den Berg" nannten in unserer Schulsprache, und die darüber hinweg waren, freuten sich.

Schreiben: nach Vorschriften. Rechnen: – vom Kopfrechnen wußte man der Zeit nichts in den Schulen, das war dem Tafelrechnen, dem Verkehrsleben und dem späteren Leben überlassen. Meine Mutter war eine gute Kopfrechnerin. –

Rechnen also: nach Büchern; Claus Eggers Dithmarsische Rechenschule, darnach Lambeck, oder der kleine Valentin Heins, und nur 3–4 Knaben rechneten zu meiner Zeit in Valentin Heins' Schatzkammer. Singen: in der Regel täglich viermal ohne besondere Singübungen; hatten wir Knaben ja auch Singen genug in der Kirche, beim Gottesdienst, bei der Beichte (Vesper singen), bei einigen Trauungen und bei einigen Leichen. Zu einem Leichenbegängnis wurden in der Regel 6–7 Gesänge gebraucht. Da mußten wir denn wohl recht fest im Choral werden. Von Geographie, Naturgeschichte, Naturlehre usw. war die Rede nicht; von deutscher Sprache ebenfalls nicht.

Beten: eine Anzahl Gebete, morgens, mittags, nachmittags und zum Schluß der Schule. Da fiel es mir manchmal auf, im Sommer, wenn ich des Sommers zuweilen da war, um vier Uhr nachmittags schon mitsingen zu müssen Nr. 27: „Nacht und Stille schließen wieder unsere müden Augen zu" etc. Einmal hatte der Lehrer, wie wir es nannten, den Einfall, daß wir sollten, wie er es nannte, aus dem Herzen beten, d. h. mit eigenen Worten. Er forderte diesen auf: das wollte nicht gehen; jenen auf: das wollte nicht gehen, und wo ja etwas herauskam, da konnten wir kaum unser Lachen unterdrücken, oder ob wir wirklich lachten, ich weiß es nicht mehr. Der Versuch hörte aber sofort wieder auf. – Man möge sagen von solchem Schulhalten, was man will, ich muß es doch anführen: Einige von uns hatten während der Schule, ohne daß der Lehrer es merkte, Nebenbeschäftigungen; so einige Rechenschüler schrieben auf ihrer Tafel mit Hilfe eines Nachbarn oder auch aus sich selbst einiges auf, z. B. alle uns bekannten Hundenamen, wobei ein bettelnder Knabe gute Dienste tat, oder die uns bekannten Versicherungswörter und Flüche mit den Namen derer, die den einen oder anderen vornehmlich führten, und solches mehr. In anderen Stunden zuweilen heimliche Gedächtnisübungen; einer gab dem anderen, der ihm nahe saß, einen Gesangvers zu lernen, der Aufgebende gab acht, wie viele Male er den Vers sachte las, bis er ihn ohne Buch hersagen konnte; so wechselsweise. Da waren denn die längeren Gesänge – ich erinnere es von Nr. 163 – die am meisten gewählten. – Bei einem so beschränkten Lehrkreis wird man vermuten, daß wir denn wohl etwas würden geleistet haben. Jawohl! und wir auf dem Donn hatten ein gutes Zeugnis bei allen, denen wir bekannt wurden, und wenn Propst oder Superintendent visitierten, dann mußten die Herren sagen, daß es Leute hörten: „Nun, das sind geschickte Kinder!" oder: „Solche Schulen trifft man nicht überall." So geschah es einmal bei der Visitation, einer der ersten des Generalsuperintendenten Callisen, daß, nach dem Schlußgesange, ich, unter dem Predigerstuhl stehend, von jemand auf den Kopf getickt wurde; ich sah auf; das hatte der Generalsuperintendent getan; er fragte mich, wie ich hieße, ob meine Eltern noch lebten, ob ich auch rechnen und schreiben lernte. Auf die letzte Frage antwortete der nebenstehende Schullehrer für mich: „Ja; er ist einer meiner besten Schüler." Der Superintendent: „Sie haben eine gute Schule." Blieben solche Erklärungen einmal aus, so hatten wir tagelang einen unfreundlichen Lehrer. – Übrigens war ich der Ausgezeichneten doch nur einer, einer von mehreren, zu nennen die mir einfallen: Jabob Claussen, (der lebt noch. Sei gegrüßt, grüß auch deinen Nachbarn Hans Jürgens), Peter Jacobsen schrieben schöner; dieser und Johann von Döhren sangen besser; dieser und Claus Hueß rechneten fertiger. – Von der Verbindung der Schule und der Kirche kann ich nur dreierlei anführen. Zuerst war ein Geschäft der größeren Schulknaben in der Kirche, das Aufschreiben der Predigt, d. h. der Disposition, welche den schwächeren Schülern der Lehrer, sein Niedergeschriebenes, zum Abschreiben hinreichte, die noch schwächeren Knaben mußten die Bibelstellen aufschlagen, welche der Prediger zitierte: dieses geschah zuweilen mit solchem Geräusch der Blätter, daß der Prediger einmal von der Kanzel sprach, zu ihnen gerichtet: Macht kein solches Geräusch, ich kann ja mein eigenes Wort nicht davor hören! Zweitens, daß über die Sonntagspredigt am Montag in der Schule katechisiert wurde. Drittens die recht vielen Kinderlehren (Kirchenkatechisationen). Ob ich nicht die Besuche des Predigers in der Schule und die Schulprüfungen nennen will? Schulprüfungen gab es durchaus nicht während meiner Schulzeit, und den Prediger hab' ich überall nur ein- oder zweimal in der Schulstube gesehen, und da prüfte er die Schule auch nicht, sondern einmal zeigte er ein Buch, welches der beste Schreiber haben sollte; einige Worte hat er zuweilen an uns gerichtet, aber ich erinnere keins. Loben will ich dies eben nicht; aber zu urteilen, daß es schlecht gestanden habe um die Schule, und daß der Prediger nichts für die Schule getan habe – wahrlich, das geb' ich nicht zu!

Einkünfte des Rektors an der Bürgerschule in Wilster (1796)

Georg Friedrich Schumacher

Ich war Rektor der ganzen Schule, zu der ca. 120 pflichtige Schüler gehörten, die vom 8ten Jahr bis zur Konfirmation kommen mußten. Diesem ganzen gemischten Haufen aus dem mittleren und niedrigsten Stande mußte ich am Morgen eine Stunde in der Religion geben nach dem Landeskatechismus; dann ging ich weg nach einem kleinen Schulzimmer, dicht an, und mit mir ca. 12 bis 16, die sogenannten Lateiner. Denen gab ich eine Stunde Latein, und zwar ganz elementar, wie etwa jetzt einer Unter-Tertia. Wer Lateiner oder Deutscher war, das hing ganz von der Laune der Eltern ab, und zuweilen changierten sie mehrmals während der Schuljahre, wurden von Lateinern wieder Deutsche und umgekehrt. Daß darnach nicht viel kommen konnte, ist deutlich. Nach 2 Stunden war mein Vormittag fertig; von 1–2 Uhr hatte ich wieder mit allen eine Stunde zu allgemeinen Kenntnissen nach eigener Willkür und Wahl, und von 2–3 gingen die Lateiner wieder mit, um etwas Deutsch, Geographie und Geschichte zu lernen. Dann war ich fertig, und meine Lateiner gingen wieder in die Rechenklasse.

Daß ich zu diesen 4 Stunden täglich weder große Studien noch Vorbereitung bedurfte bei meiner langen Übung, liegt klar vor Augen, und so nahm ich auch die Sache. Wohl dachte ich auf eine andere Stundentabelle, aber das ließ sich ohne Zustimmung des Schulkollegiums nicht tun, und dieses hielt seit vielen Jahren vorzüglich fest an einem Grundsatz: Keine Neuerungen; so haben wir es gehabt als Kinder, so sollen es unsere Kinder wieder haben; wir sind ja ganze Leute auf dem Wege geworden und anständige Bürger, was sollen sie denn mehr?

Eins setzte ich doch durch. Die Revolution hatte so viele Emigranten in unser Land geführt, daß wenigstens die Sage davon auch in unser abgelegenes Abdera gedrungen war, und man sich dachte: Es könne doch mal ein Fall kommen, wo ein Wilsterscher Jüngling es wünschenswert finden möge, ein bißchen von der kauderwelschen Sprache jener Fremdlinge zu verstehen. Also fand mein Anerbieten zu französischen Privatstunden etwas Anklang, und es fanden sich 8 ein. Aber die Kosten! das war der Knoten. Schon früher hatte man den Fall gehabt, daß der Rektor unter dem Namen Nachstunden 8 wöchentliche Stunden in allerlei Allotria gab; der stehende Preis war früher 4 Rthlr.; ich forderte 8 jährlich, d.h. für jeden Schüler 1 Schilling per Stunde. Es fand Bedenken, aber 8 Väter entschlossen sich endlich, die teuren Stunden doch angehen zu lassen, und wir radebrechten los. Weit hat es keiner gebracht, und wenn er nach Paris gekommen wäre, so möchte er wohl immer noch verlegen genug geblieben sein. Mir indes waren die 64 Rthlr. jährlich von großer Bedeutung, denn meine Einkünfte waren sehr gering und drollig genug bestimmt. An Fixum bekam ich jedes Jahr durch den Stadtdiener an einem bestimmten Tage für das ganze 69 Rthlr.

Schulhonorar (doch hier paßte besser der altertümliche Ausdruck Schulpfennig) zahlte jeder der 120 Schüler 18 Schilling quartaliter, wovon mir 9 und dem Rechenmeister 9 Schilling zufielen. Der alte Rechenmeister kassierte ein und lieferte mir mein Quantum; also vierteljährlich etwa reichlich 20 Rthlr. Die ergiebigste Geldquelle war für uns die Leichengebühr, die leicht, aber auch schwer verdient wurde, wie man es nehmen will.
Die Gemeinde bestand auch aus vielen Marschbauern außer der Stadt; alle Leichen vom Lande wurden in der Stadt beerdigt, und zwar unter sehr bestimmten Formen; d.h. nie ohne Begleitung der singenden Schule. Diese sammelte sich vor dem Sterbehause (bei den Land-Leichen vor dem Wirtshause, wohin die Leiche nebst dem Gefolge sich vorher begab) und sang unter Leitung des Organisten und Kollaborators einen Gesang vor der Tür. Derweil trat der Rektor und Rechenmeister ins Haus, aber nicht in die Stube, wo die Folger waren (wir waren ja bezahlte Leute), sondern auf der Diele stand ein Tischlein mit 2 Stühlen, und auf demselben 2 Schnäpse nebst etwas Kringel. Vor dem Gesang noch kam der Kollaborator ins Haus und nahm einen ungeheuren Korb in Empfang mit Stuten, d.h. Weißbroten, von denen er auf der Straße jedem Schüler eins zuteilte, um sie entweder zum Gesang, oder nach demselben zu stärken. War die Zahl der Schüler weniger als die der Stuten, so brachte der sogenannte Famulus (den durfte jeder Lehrer sich aus der Schülerzahl wählen, und derselbe mußte vor- und nachmittags anfragen, ob man Gewerbe zu gehen habe, sie hielten es für ein Ehrenamt) den Überschuß in die Wohnung der resp. Lehrer, oft 10–20 Stück, und was davon der Lehrer oder seine Frau wieder dem Schüler zurückgab, war dessen Ehrensold für sein Famulat. (Man kann denken, wie oft es Brotklöße auf unserem Tisch gab.) Bei vornehmen Leichen bekam jeder Schüler 1 Sechsling, zuweilen gar einen Schilling; einmal erlebte ich es 2½ Schilling á Junge. Wenn so die ökonomische Seite berichtigt war, so kam das Gefolge heraus, die Schule trat an,

2 und 2, und die Lehrer nebst dem Organisten gingen als Adjutanten in gleichen Zwischenräumen zur Seite in schwarzem Rock und weitem schwarzen Mantel (ich habe den letzteren noch), und nun wurde wieder gesungen. Angelangt auf dem Kirchhof, der auf dem umgebenden Rande gepflastert war, machte der Zug einmal erst die Runde um den ganzen Platz, und beim zweiten Rundmarsch halt bei dem Grabe. Hier wurde ein dritter Gesang gesungen, dann ein Vaterunser gebetet, und endlich ein Schlußvers.

Nun ging jeder von uns seinen Weg nach Hause, das Gefolge wieder dem Sterbehause zu.

Man könnte glauben, das sei denn dann und wann so gekommen und habe also wohl etwas eingebracht. Nein, es kam gerade so im Durchschnitt circa 150mal im Jahr, also dreimal die Woche. Zuweilen war allerdings mal eine Woche vakant, dann aber waren in der nächsten 6 oder 9 Leichen, und damit doch nicht gar zu sehr die Schule dadurch gestört werde, so waren Mittwoch, Freitag und Sonntag die Leichentage. Um 10 Uhr ging es an, und waren der Leichen soviel, daß wir durch die fünf oder sechsfache Wiederholung derselben Zeremonie an einem Tage bis nach 1 Uhr noch im Gange waren, so fiel die Nachmittagsschule aus. Das kam denn sehr oft; aber es war herkömmlich, also den Bürgern nicht anstößig. Es war ja immer so gewesen.

Diese Leichenkondukte waren unsere Goldgrube, und ich denke, als Salzmann seinen Carl von Karlsberg schrieb, war er vorher in Wilster gewesen. Er führt 2 benachbarte Schulmänner redend ein. Wie geht's Herr Kollege? Ach, jetzt sehr mäßig, Herr Kollege, magere Zeit, Hungerbrot bei viel Arbeit. War's denn sonst bei Ihnen besser? Eine Zeitlang wenigstens; als wir Anno . . . die herrlichen Fleckfieber hatten, ach Freund, das war eine schöne Zeit, da gab es Leichen, da gab's Gebühren! Aber diese Zeit kommt so leicht nicht wieder, Gott besser's! – Hatten wir denn nicht gerade Fleckfieber, so sorgte doch der Genius der Schwelgerei in der reichen Marsch dafür, daß wir besser dran waren wie die Kieler Anatomie; wir kamen an Kadavern nie zu kurz.

Und der Preis? Zu den Schülern, wenn er sie ansagte, sprach der alte R. Meister: Nu Jungens, morgen heft' wi een Stuten-Doden; övermorgen een Sößling-Doden; Sündag kriegt wi een Schillings-Doden.

So war der Schülertarif, und dies Salarium für sie eine kleine Aufmunterung, nicht oft zu fehlen bei der Leiche.

Umsingen (um 1806)

Hinrich Jargstorff

Nun wieder einiges über den Lehrer und die Schule. Weil ich noch klein war, so kann ich über den Lehrer keine gehörige Darstellung machen. Er war, wie die meisten Lehrer, Autodidakt. Im Rechnen, glaube ich, war er nicht ungeschickt, und im Schreiben vorzüglich, denn er schrieb nicht nur sehr schön, sondern auch mit großer Geläufigkeit. Im Singen fehlte ihm eine gute Stimme und kannte er die Melodien der Gesänge nicht, daher kam es denn auch, daß viele Gesänge falsch gesungen wurden, und das war nicht gut. Dennoch lernten die Kinder, nach der damaligen Zeit beurteilt, recht gut singen, nur übertrafen darin ihren Lehrer. Wir gaben uns aber auch viele Mühe im Singen, denn alle Jahre um Weihnachten wurde in nahen und entfernten Dörfern gesungen, „Umsingen" nannten wir es. Viele Lehrer in den Dörfern taten es und sahen das Geld dafür an als einen Nebenverdienst ihrer kleinen Stellen. Weil nun die besten Sänger dazu ausgewählt wurden, so wollte jedes Kind gerne gut singen können, um nur mitzukommen, und das war die Ursache, daß wir uns im Singen besonders Mühe gaben. Es entstand eine besondere Freude in uns, wenn das liebe Weihnachtsfest herannahte, dann wurden Gesänge ausgewählt, eingeübt und dabei die Bemerkung gemacht, daß diejenigen Kinder, welche am besten singen könnten, mit umsingen sollten. Auch ich habe das Glück gehabt, zweimal mitzukommen. Jeder Schüler wählte sich einen Gesang, und wenn der gesungen werden sollte, so mußte er ihn leiten. Die meisten Gesänge wurden von den Weihnachtsliedern gewählt, aber auch einzelne der anderen Gesänge. In einen hölzernen Stiel wurde vom Schmidt ein ziemlich langes Eisen gemacht (Picke genannt); zuweilen die Hüte mit bunten Bändern geschmückt, das waren die Vorbereitungen. Am letzten Tage vor dem Umsingen dann wurde in der Schule alles genau und bestimmt abgesprochen, wo wir allenthalben hin sollten und wie wir uns zu verhalten hätten. Darauf wurden wir dann aus der Schule entlassen mit den Worten: „Zanket nicht auf dem Wege!" Am anderen Tage ging es nun von dannen. Wir gingen weit umher, fast nach Kellinghusen, welches über eine Meile von unserem Dorfe entfernt lag. Weil wir nicht in einem Tage fertig werden konnten, so blieben wir einige Nächte aus. Noch erinnere ich mich, daß ich einmal bei Klaus Harms in Vorbrüge und einmal bei dem Schullehrer in Lockstedt übernachtet habe. Es ging von Dorf zu Dorf, von Haus zu Haus. Zuweilen wurde uns auch zugerufen, wenn wir in ein Haus gingen: „Wir lassen nicht singen!“, dann gingen wir weiter. Oft waren wir voraus, und der Lehrer folgte uns nach; denn wir sangen immer ohne ihn, und wenn er auch mit uns in ein Haus reinging, so wurde er gewöhnlich in die Stube genötigt und nahm dort in Empfang, was gegeben wurde. In einigen Häusern gab es für uns auch Met und Äpfel. Wenn in einem Hause gesungen werden sollte, so stellte sich der Vorsänger hin, und alle die übrigen Kinder um ihn herum, dabei wurden die Picken aufrecht auf die Diele gestellt, der Hut oben auf die Picken gehängt und dann gesungen. Wenn wir dann endlich die Runde gemacht hatten und wir wieder in unsere Heimat kamen, so gab es des Abends bei Harms eine Mahlzeit, dann Met zu trinken und Äpfel zu essen und dabei allerlei Scherze gemacht. Beim Abschied zu Hause erhielt jedes Kind noch ein kleines Trinkgeld, und dann hatte alle Herrlichkeit ein Ende. –

Dies Vergnügen war unser größtes, welches wir dort hatten. Wenn ich zuweilen wieder zurückdenke an die Jahre meiner Kindheit, wie viele frohe Stunden treten mir dann auch wieder vor die Seele und gewähren mir sogar einige Aufheiterungen in den trüben Stunden meines Lebens und veranlassen mich fast zu wünschen, so frohe Tage nochmals wieder erleben zu können. Nun denn, kehrt ihr nicht wieder, ihr schönen erfreulichen Tage meiner Kindheit, so bleibt mir doch noch etwas davon übrig: nämlich – die Erinnerung.

Klippschule in Wesselburen (1817)

Friedrich Hebbel

In meinem vierten Jahre wurde ich in eine Klippschule gebracht. Eine alte Jungfer, Susanna mit Namen, hoch und männerhaft von Wuchs, mit freundlichen blauen Augen, die wie Lichter aus einem graublassen Gesicht hervorschimmerten, stand ihr vor. Wir Kinder wurden in dem geräumigen Saal, der zur Schulstube diente und ziemlich finster war, an den Wänden herumgepflanzt, die Knaben an der einen Seite, die Mädchen auf der andern. Susannas Tisch, mit Schulbüchern beladen, stand in der Mitte, und sie selbst saß, ihre weiße tönerne Pfeife im Munde und eine Tasse Tee vor sich, in einem respekteinflößenden, urväterlichen Lehnstuhl dahinter. Vor ihr lag ein langes Lineal, das aber nicht zum Linienziehen, sondern zu unserer Abstrafung benutzt wurde, wenn wir mit Stirnerunzeln und Räuspern nicht länger im Zaum zu halten waren; eine Tüte voll Rosinen, zur Belohnung außerordentlicher Tugenden bestimmt, lag daneben. Die Klapse fielen jedoch regelmäßiger als die Rosinen, ja die Tüte war, so sparsam Susanna auch mit dem Inhalt umging, zuweilen völlig leer; wir lernten daher Kants kategorischen Imperativ zeitig genug kennen. An den Tisch wurde groß und klein von Zeit zu Zeit herangerufen, die vorgerückteren Schüler zum Schreibunterricht, der Troß, um seine Lektion aufzusagen und, wie es nun kam, Schläge auf die Finger mit dem Lineal oder Rosinen in Empfang zu nehmen. Eine unfreundliche Magd, die sich hin und wieder sogar einen Eingriff ins Strafamt erlaubte, ging ab und zu und ward von dem jüngsten Zuwachs mitunter auf äußerst unerfreuliche Weise in Anspruch genommen, weshalb sie scharf darüber wachte, daß er nicht zu viel von den mitgebrachten Süßigkeiten zu sich nahm. Hinter dem Hause war ein kleiner Hof, an den Susannas Gärtchen stieß; auf dem Hof trieben wir in den Freistunden unsere Spiele. Das Gärtchen wurde vor uns verschlossen gehalten. Es stand voll Blumen, deren phantastische Gestalten ich noch im schwülen Sommerwind schwanken sehe. Von diesen Blumen brach Susanna uns bei guter Laune wohl hin und wieder einige ab, jedoch nur dann, wenn sie dem Welken nahe waren. Früher raubte sie den sauber angelegten und sorgfältig gejäteten Beeten, zwischen denen sich Fußsteige hinzogen, die kaum für die hüpfenden Vögel breit genug schienen, nichts von ihrem Schmuck. Susanna verteilte ihre Geschenke übrigens sehr parteiisch. Die Kinder wohlhabender Eltern erhielten das Beste und durften ihre oft unbescheidenen

Wünsche laut aussprechen, ohne zurechtgewiesen zu werden, die Ärmeren mußten mit dem zufrieden sein, was übrigblieb, und bekamen gar nichts, wenn sie den Gnadeaakt nicht stillschweigend abwarteten. Das trat am schreiendsten zu Weihnachten hervor. Dann fand eine große Verteilung von Kuchen und Nüssen statt, aber in treuster Befolgung der Evangeliumsworte: „Wer da hat, dem wird gegeben!" Die Töchter des Kirchspielschreibers, einer gewaltigen Respektsperson, die Söhne des Arztes usw. wurden mit halben Dutzenden von Kuchen, mit ganzen Tüchern voll Nüssen beladen; die armen Teufel dagegen, deren Aussichten für den Heiligen Abend im Gegensatz zu diesen ausschließlich auf Susannas milder Hand beruhten, wurden kümmerlich abgefunden. Der Grund war, weil Susanna auf Gegengeschenke rechnete, auch wohl rechnen mußte, und von Leuten, die nur mit Mühe das Schulgeld aufzubringen wußten, keine erwarten durfte. Ich wurde nicht ganz zurückgesetzt, denn Susanna erhielt im Herbst regelmäßig von unserem Birnbaum ihren Tribut, und ich genoß ohnehin meines „guten Kopfes" wegen vor vielen eine Art von Vorzug, aber ich empfand den Unterschied doch auch und hatte besonders viel von der Magd zu leiden, die mir das Unschuldigste gehässig auslegte, das Ziehen eines Taschentuches zum Beispiel einmal als ein Zeichen, daß ich es gefüllt haben wolle, was mir die glühendste Schamröte auf die Wangen und die Tränen in die Augen trieb. Sobald Susannas Parteilichkeit und die Ungerechtigkeit ihrer Magd mir ins Bewußtsein traten, hatte ich den Zauberkreis der Kindheit überschritten. Es geschah sehr früh . . .

Ich blieb in Susannas Schule bis in mein sechstes Jahr und lernte dort fertig lesen. Zum Schreiben ward ich meiner Jugend wegen, wie es hieß, noch nicht zugelassen. Es war das letzte, was Susanna mitzuteilen hatte, darum hielt sie vorsichtig damit zurück. Aber die notwendigen ersten Gedächtnisübungen wurden auch schon mit mir angestellt, denn sowie der Knirps sich vom geschlechtslosen Rock zur Hose und von der Fibel zum Katechismus aufgedient hatte, mußte er die zehn Gebote und die Hauptstücke des christlichen Glaubens auswendig lernen, wie Doktor Martin Luther, der große Reformator, sie vor dreihundert Jahren als Richtschnur für die protestantische Kirche formuliert hat. Weiter gings nicht, und die ungeheuren Dogmen, die ohne Erklärung und Erläuterung aus dem Buch in das unentwickelte Kindergehirn hinüberspazierten, setzten sich hier natürlich in wunderliche und zum Teil groteske Bilder um, die jedoch dem jungen Gemüt keineswegs schadeten, sondern es heilsam anregten und eine ahnungsvolle Gärung darin hervorriefen. Denn was tuts, ob das

Kind, wenn es von der Erbsünde oder von Tod und Teufel hört, an diese tiefsinnigen Symbole einen Begriff oder eine abenteuerliche Vorstellung knüpft, sie zu ergründen ist die Aufgabe des ganzen Lebens, aber der werdende Mensch wird doch gleich beim Eingang an ein alles bedingendes Höheres gemahnt, und ich zweifle, ob sich das gleiche Ziel durch frühzeitige Einführung in die Mysterien der Regeldetri oder in die Weisheit der Äsopischen Fabeln erreichen läßt. Merkwürdig war allerdings dabei, daß Luther in meiner Einbildung fast unmittelbar neben Moses und Jesus Christus zu stehen kam, doch es hatte ohne Zweifel darin seinen Grund, daß sein donnerndes „Was ist das“ immer augenblicklich hinter den majestätischen Lakonismen Jehovas herscholl und daß obendrein sein derbkerniges Gesicht, aus dem der Geist um so eindringlicher spricht, weil er offenbar mit dem widerstrebenden dicken Fleisch um den Sieg erst kämpfen muß, dem Katechismus in nachdrücklicher Schwärze vorgedruckt war. Aber auch das hatte meines Wissens für mich ebensowenig nachteilige Folgen als mein Glaube an die wirklichen Hörner und Klauen des Teufels oder an die Hippe des Todes, und ich lernte, sobald es not tat, sehr gut zwischen dem Salvator und dem Reformator unterscheiden. Übrigens genügte der bescheidene Erwerb, den ich bei Susanna davontrug, vollkommen, mir zu Hause ein gewisses Ansehen zu verschaffen. Dem Meister Ohl imponierte es ungemein, daß ich bald besser wußte als er selbst, was der wahre Christ alles glaubt, und meine Mutter wurde fast zu Tränen gerührt, als ich das erste Mal, ohne zu stottern oder gar zu stocken, bei der Lampe den Abendsegen vorlas, ja sie fühlte sich so davon erbaut, daß sie mir das Lektoramt für immer übertrug, welches ich denn auch geraume Zeit mit vielem Eifer und nicht ohne Selbstgefühl versah.

Gegen Ende meines sechsten Jahres trat in den holsteinischen Schuleinrichtungen und also auch in denen meines Vaterländchens eine große Veränderung, ja eine vollständige Umgestaltung ein. Bis dahin hatte der Staat sich in die erste Erziehung gar nicht, in die spätere wenig gemischt; die Eltern konnten ihre Kinder schicken, wohin sie wollten, und die Klipp- und Winkelschulen waren reine Privatinstitute, um die sich selbst die Prediger kaum kümmerten und die oft auf die seltsamste Weise entstanden. So war Susanna einmal an einem stürmischen Herbstabend, ohne einen Heller zu besitzen und völlig fremd, auf hölzernen Pantoffeln nach Wesselburen gekommen und hatte bei einer mitleidigen Pastorswitwe um Gottes willen ein Nachtquartier gefunden; diese entdeckt, daß die Pilgrin lesen und schreiben kann, auch in der

Schrift nicht übel Bescheid weiß, und macht ihr daraufhin Knall und Fall den Vorschlag, im Ort, ja in ihrem Hause zu bleiben und Unterricht zu geben. Die Jugend, wenigstens der kriechende Teil derselben, war nämlich gerade verwaist, der bisherige Lehrer, lange Zeit wegen seiner strengen Zucht höchlich gepriesen, hatte ein naseweises kleines Mädchen zur Strafe für irgendeine Ungezogenheit entblößt auf einen heißen Ofen gesetzt, vielleicht um ein noch größeres Lob davonzutragen, und das war denn doch auch den unbedingtesten Verehrern der Rute zu stark gewesen.

Susanna stand ganz verlassen in der Welt da und wußte nicht, wohin sie sich wenden oder was sie ergreifen sollte; sie vertauschte die gewohnte Handarbeit daher gern, obgleich nicht ohne Angst, nach ihrem eigenen Ausdruck, mit der schweren Kopfarbeit, und die Spekulation glückte vollkommen und in kürzester Frist.

Dorfschule um 1830

K. (unbekannt)

Der Anfang meiner Schulzeit liegt vor meinen Erinnerungen; durch die Erzählung meiner Eltern habe ich erfahren, daß ich in einem Alter von 3½ Jahren zur Schule gekommen bin, und als eine dunkle Erinnerung schwebt mir noch vor, daß ich bei schlechtem Wetter und bei den schmutzigen Dorfwegen auf dem Huckepack eines Lehrlings meines Vaters zur Schule gebracht und wieder abgeholt wurde. Das Bild meines ersten Lehrers schwebt mir noch vor als ältlicher Mann, wohlgenährt, mit kurzen, an den Knien zugeschnallten Hosen, Holzpantoffeln, Bratrock und einer gestrickten grauen Schlafmütze auf dem Kopfe, dazu beständig in der Schule mit einem natürlichen, unbekleideten Ochsenziemer bewaffnet, hergenommen von einem geschlachteten Dorfstier. Meine ersten Erinnerungen aus meiner Schülerlaufbahn begreifen die stundenlange Untätigkeit, worin ich mit meiner Fibel auf der Schulbank saß und die Fensterscheiben der Schulstube zählte. Es waren gerade 100 Scheiben in der kleinen Schulstube, wo ein Schultisch, platt und an allen vier Seiten brauchbar, des Lehrers Tisch, sechs lose Bänke und außerdem noch die Bettstelle mit Bett für des Schulmeisters Stieftochter Platz gefunden hatten. Zweimal am Tage ging ich auf Kommando an des Schulmeisters Tisch, um mein A-B-C, oder später mein A-B – Ab aufzusagen; dennoch habe ich nicht durch die Kunst des Schulmeisters, sondern durch Hilfe und Fleiß meiner Mutter das Lesen gelernt. In aller übrigen Zeit in der Schule beobachtete ich Lehrer und Mitschüler, sprach mit meinem Nachbarn, worüber ich manche unwillkommene Bekanntschaft mit des Schulmeisters stets fertiger Waffe machte, oder ich zählte zum hundertsten und wieder zum hundertsten Male die 100 Fensterscheiben. Bei diesem Geschäft machte ich mit der Fibel in der Hand die Entdeckung, daß man in einem Fenster nur eine Reihe Scheiben in der Länge und eine Reihe in der Breite zu zählen brauche, und daß dann die beiden erhaltenen Zahlen durch Hilfe des Einmaleins vereinigt die Zahl der Scheiben gäbe. Diese Entdeckung lief durch die ganze Schule, sie war selbst den größeren Schülern etwas Neues, man sprach davon als von etwas Außerordentlichem und machte dem kleinen Entdecker Komplimente, welche ihm sehr wohl taten, und vielleicht stammt daher meine Neigung, Entdeckungen und Erfindungen zu machen.

Wenn die Schüler zur Schule kamen, gingen sie zum Schulmeister, gaben ihm die Hand und machten dabei die Knaben einen

Bückling, daß der Körper einen rechten Winkel bildete, und die Mädchen einen Knicks, daß die Röcke wenigstens eine Handbreit an der Erde lagen. Der so bewillkommene und geehrte Mann, welcher im ganzen Dorfe von jung und alt „Schomeister“ genannt wurde, hielt auf das volle Maß dieser Begrüßung sehr streng als auf eine Ehrensache. – Die Schule sollte eigentlich mit Gesang beginnen; da aber der Schulmeister wenig Melodien überhaupt und keine einzige mit Sicherheit singen konnte, so fiel das Singen gewöhnlich aus. Wenn aber, was in der Regel nur des Abends bei Schluß der Schule geschah, zur Rechtfertigung der Schule einmal gesungen wurde, so geschah es nur bei Anwesenheit der Frau Schulmeisterin im Hause, damit sie, wenn der Gesang umwarf, schnell hereineilen und ihn wieder in den Gang bringen konnte, ein Vorfall, der ab und zu sich ereignete. Unter einem solchen Bewandtnis der Dinge begann die Schule denn immer bloß mit Gebet; 12–20 Gebete wurden der Reihe nach von ebenso vielen Schülern hergesagt oder richtiger hergesungen; denn wollte unser Schulmeister nicht vor dem Beten singen, so sangen wir dafür bei dem Beten. Den Schluß des Gebetehersagens machte das Hersagen des Verzeichnisses der biblischen Schriften (de Böker bet'n) und des Einmaleins; so mischte sich auch hier schon das Profane mit dem Heiligen.

Nach dem Beten begann das Lesen; erst lasen die größeren Schüler in der Bibel, und wenn sie damit fertig waren, begannen einige Auserwählte unter ihnen zu schreiben, und nach dem Schreiben fingen die Auserwähltesten unter den Auserwählten an zu rechnen und das Gerechnete einzuschreiben, wobei die Tafel an einem Bindfaden hing, der an der betternen Decke der Schulstube befestigt war. Während diese „weltlichen Künste“, wie sie von unserem Schulmeister oft genannt wurden, an dem großen Schultische geübt wurden, lasen die noch nicht zu solchen Künsten zulässigen Schüler in dem Historienbuche (biblische Erzählungen von Hübner, von uns nie anders als „Kestoren-Book“ genannt); danach folgten dann die Fibelkinder, welche ihr „Lex“ aufsagen mußten; denn jedem waren mehrere Reihen aus der Fibel vom Schulmeister mit Bleistift als „Lex“ vorgezeichnet, und dazu wurden wir armen Schelme, wenn wir nichts taten oder aus Langeweile plauderten, mit dem Bakel angehalten, unsere „Lex“ überzulesen; überzulesen, ehe wir noch lesen konnten – und das mehrere Stunden hindurch. Wenn so alle abgefertigt waren, trat ein stundenlanges still seinsollendes Pensum ein, währenddessen alle Schüler auswendig lernen sollten; aber dieses stille Pensum war so laut, daß man es wenigstens 100 Schritte vom Schulhause (der Schulkate) entfernt als wirres Gesumme hören konnte. Während dieses stillen Pensums ging der Schulmeister ab, um sein Frühstück zu verzehren, – was er aber auch oft bei dem Aufsagen der Fibelkinder tat, – und dann wurde erzählt, gelacht, geschlagen usw., nur dann und wann störte uns ein Zornesblick des Schulmeisters, der von der Wohnstube aus durch ein Kuckfenster in die Schulstube schoß. Endlich wurde das stille Pensum, was uns bei allem Kurzweil doch langweilig wurde, durch das Kommandowort beendigt: „leck de Böker weg un beet!". Dann folgten wieder 1–2 Dutzend Gebete; waren sie zu Ende, dann stellte sich der Schulmeister mit dem nur zu wohlbekannten Stock in der Linken in die geöffnete Stubentür und reichte jedem der sich wegdrängenden Schüler die Rechte zum Abschiede; war aber der Bückling oder Knix nicht tief genug oder der Drang nach den Fleischtöpfen des Hauses zu stark, dann wurde uns der letzte Abschiedsgruß mit dem Ziemer erteilt.

Am Nachmittage wurde die Schule gerade so gehalten, wie am Vormittage, nur mit dem Unterschiede, daß das stille Pensum etwas abgekürzt wurde durch das Aufsagen des während des Tages auswendig Gelernten. Das Auswendiglernen begann zu Anfang des Winters mit dem kleinen lutherischen Katechismus, dann folgte der Schlesw. Holst. Landeskatechismus mit allen seinen Anmerkungen, unterbrochen von dem Lernen und Hersagen der Perikopen am Freitage für den folgenden Sonntag. Waren die beiden Katechismen abgefertigt, so war die Adventszeit herangenaht, und nun begann das Lernen der Advents- und Weihnachtsgesänge. Alle Advents- und Weihnachtsgesänge zu lernen und herzusagen, welche das Gesangbuch enthielt, das war das höchste Strebziel für den jugendlichen Ehrgeiz, und viele erreichten es. Um den Ehrgeiz zu befeuern, führte unser Meister ein Protokoll über die Zahl der gelernten sogenannten heiligen Lieder; und diejenigen Helden und Heldinnen, welche das höchste Ziel erreicht hatten, glänzten noch lange nach ihrer Konfirmation in den Strahlen des Nachruhms vor der Schule, denn beim Beginn „der heiligen Zeit" wurden ihre Namen aus dem Protokoll der Schule vorgelesen. Nach Weihnachten wurde bei den schwächeren Gedächtnisleuten das suspendierte Lernen der Katechismen wieder aufgenommen; Helden und Heldinnen aber, welche vor Weihnachten mit diesen geringfügigen Sachen schon fertig geworden waren, begannen jetzt, Psalmen zu lernen, und mit dem 119. wurde der Anfang gemacht. So ging es fort bis Fastnacht; aber von da ab oder etwas später wurden vormittags Passions- und Ostergesänge aufgesagt, und nachmittags wurde statt des Aufsagens

„nach dem Verstande gefragt." Es war wirklich nötig, eine solche Prozedur mit uns vorzunehmen, denn während des langen Treibens war unser Verstand so abhanden gekommen und verirrt, daß es in der Tat nötig war, nach ihm, als nach einem Verirrten und Davongegangenen zu fragen. Wenn diese Prozedur, welche unser Meister möglichst hinauszuschieben wußte, beginnen sollte, wurden alle Fibel- und die schwächeren „Historien-Kinder" vorher aus der Schule zu Hause geschickt. Dann ging der Lehrer mit einem Buche in der Linken und mit dem Ziemer in der Rechten, der in der Tat sein Zepter und das Zeichen seiner Würde war, in der Stube auf und nieder. In dem Buche, welches er zu diesem Zweck von dem Superintendenten zum Geschenk erhalten hatte, standen Fragen und Antworten. Der Schulmeister las die Fragen aus dem Buche und wir sollten die Antworten ohne Buch geben, in der Tat ein sehr unbilliges Verlangen. Natürlich erfolgte nur selten eine Antwort, und ebenso regelmäßig erfolgte auch ein ungestümes Schelten; wollte aber gar keine Antwort kommen, dann fiel das Zepter unseres Meisters mit einer Gewalt auf den Tisch, daß das Haus dröhnte. Es waren Stunden teils der Belustigung, teils des Entsetzens; entsetzliche Stunden aber noch mehr, wie es mir geschienen, für den Führer, als für die geängstigte Herde.

Unter diesem gegenseitigen Seelenmarter wurde es Ostern, ein Fest, dem Lehrer und Schüler entgegenjubelten. Noch immer erinnern mich jedes Jahr die sonnigen Märztage an meine ungestümen frohen Hoffnungen in meiner Jugendzeit und die herannahende Befreiung aus einer Hölle.

Das ist in Umrissen ein getreues Bild von einer „alten Schule", wie sie in meiner Jugendzeit zu Hunderten bestanden, und wie die bezeichnete bestanden hat bis zum Jahre des Heiles 1840. Die Schüler dieser und ähnlicher Schulen leben jetzt noch im kräftigen Alter, legen ihre Unwissenheit, ihren Materialismus, ihre Unkirchlichkeit und zum Teil auch ihre Unsittlichkeit der Welt vor Augen. Und diese, zumal die regierenden Elemente der Welt, treten mit der Behauptung hervor, daß solches alles die „neueren Schulen" verschuldet haben, und wünschen darum zum Teil die alten wieder zurück. Unter den 50 Schulen des Distriktes, worin Referent lebt, erhielten 1816 zwei zuerst Seminaristen als Lehrer, und im Jahre 1830 hatten erst 10 Schulen Seminaristen als Lehrer; also sind unter 5 Personen im Alter von 30–40 Jahren noch 4 aus den alten Schulen hervorgegangen; und doch hört man hier, wie anderswo die Unwissenheit, die Unkirchlichkeit, die Genußsucht und die Unsittlichkeit auf Rechnung der „neuen Schulen" bringen.

Der Lehrer macht die Schule! Wer war nun der Lehrer, unter dessen Haltung eine Schule, wie die vorbezeichnete, bestand?

Der hier in Rede stehende Lehrer war ein Bauernknecht gewesen; er hatte ehedem in einem Dorfe gedient, wo der Schuldienst so klein war, daß bei einer Vakanz desselben sich nie Bewerber freiwillig einfinden wollten, sondern die Leute mußten fast jedesmal zur Bewerbung gleichsam mit den Haaren herbeigezogen werden. Als nun dieser Schuldienst wiederum vakant, und die Kommune wiederum in Verlegenheit um Bewerber war, schlug ein Bauer aus der Mitte der Kommune seinen Knecht vor, der in der Bibel sehr wohl Bescheid wüßte, gut schreiben und auch rechnen könne, da er „Valentin Heins" durchgerechnet und auch eingeschrieben hätte.

Der Antrag fand Gehör; es galt nur, denselben vor den Superintendenten zu bringen, ohne schimpflich damit abgewiesen zu werden. Das Wagestück übernahm die Brotherrin unseres Kandidaten, von welcher das böse Gerücht ging, daß dieser Knecht in ihrer besonderen Gunst stände. Es gab allerdings einige Schwierigkeiten, aber die Sache ging durch. Als nun später die einträglichere Schulstelle in meinem Geburtsorte vakant wurde, avancierte unser ehemaliger Dienstknecht ohne Mühe dahin, nachdem er sich kurz zuvor mit einer Dienstmagd des Superintendenten verlobt hatte, welche seine Ehefrau wurde und ihm ein voreheliches Kind zubrachte.

Ohne noch weiter auf die Lehrerschwächen dieses Mannes zurückzukommen, hatte er als Mensch die Schwäche, daß er auf Hochzeiten, Kindtaufen, Begräbnisbieren und auch ab und zu an Sonn- und Festtagen im Kruge den berauschenden Getränken in dem Maße zusprach, daß er ein Spott der Gesellschaft wurde und in unflätigen Zoten redete. In solchen Zuständen haben seine zeitweiligen und ehemaligen Schüler und Schülerinnen sehr viel Neues und ihnen Interessantes gehört und gelernt.

Auf alle Vorwürfe, welche ihm deshalb, so wie über die krasse Unwissenheit seiner Schüler gemacht wurden, hatte er die stehende Antwort: „Dat mag wesen, as dat will, ick lehr doch rein Gottswort!" Damit hatte es denn allerdings seine Richtigkeit, denn von dem Worte Gottes, wie es in der Bibel und dem Katechismus zu finden ist, tat er kein Jota hinzu noch ab.

Die Kommune unterließ, über das unsittliche Verhalten ihres Schulmeisters höheren Orts Klage zu führen, teils aus Gleichgültigkeit und Gewohnheit, teils aber und noch mehr aus Furcht vor den Kosten, welche eine neue und würdige Besetzung ihrer Schulstelle ihr bringen würde.

Op de Elementarschol in Elmshorn (1842)

Christian Hinrich Eckermann

Mit den Respekt vaer den Lehrer güng dat torügg, as ik mit riklich 9 Jahr ut de Elementarschol na „Thomsen" keem, dat heet vaert Eerste in de twete Klaß bi den sin Ünnerlehrer. Vaer Thomsen harrn wi den allergrötsten Respekt, un den heff ik ok min Lewen lang bewahrt; mit den Ünnerlehrer weer dat awer anners, wenn he so'n verrücktes Heft weer, as wi en Tidlang een harrn. Jungs weet all so gau nog de swachen Siden vun er Persepters herut to finnen; de lütt Kerl, den ik meen, bruk awer gar keen Nahölp vun de Jungs, de bröcht alleen farrig, dat wie em op de Naes speln müßen. So wat vun Scholholn is mi nich wedder to Sicht kam. In so'n lütten Ort kunn dat natürlich nich lang verswegen bliwn, dat uns' lütt Herr sik üm en lütt Fräulein, wat Emma heet, bemöh. Wenn wi nu Schriwöwungen harrn oder Sätz bilden müßen, denn schreewen oder reepen wi: „Emma ist ein schöner Name", un denn war de lütt Kerl ganz vergnögt. Maken wi't mal so dull, dat wi bestraft warrn schulln, denn weer Holland in Not. Nasitten nütz nich vel; wi kneepen ut, ut de Daer oder, wenn de verslaten weer, ut' Finster. Do keem he op den Infall, den Sünner mit op sin Stuv herop to nehmen un em in sin Spiskamer oder in'n Summer in sin groten Bileggeraben to steken. Inne Spiskamer mak he awer slechte Erfahrungen, wenn dar wat to eten stünn; in den Bileggeraben güng dat beter, wenn dat Abenlock mit allerlei Gerätschaften tosett war. Dat Haun weer ok man so so. Mal paßeer em dat, dat he een vun de grötsten Bengels wat achterop gewen wull un em den Kopp twischen de Been steken harr. Bi den eersten Slag mit den Haßelnaetstock schreeg de Bengel fürchterlich „Au!", smeet den Kopp inne Höch, un de lütt Scholmeister flog aewer sin Rügg inne Scholstuv rin, ungefähr so, as wenn wi „Buck stah fast" speln den, blot dat wi, wenn wi aewer den Rügg vun den annern wegsprungen weern, beter op de Föt to stan keem. Darna war dat mal mit en annere Straf versöcht, un wi schulln an uns' Ehrgeföhl kittelt warrn. Wenn de Scholverbreken ansummt weern un en nüdliche Antall vun Verbrekers to Verfögung stünn, denn kreegen wi jeder en Lineal inne Hand un müßen in Goosmarsch – Cooper kenn wi noch nich, sünst harrn wi dat wull'n Indianermarsch nömnt – in langsamen Schritt ut de Scholdaer un denn um dat Sprüttenhus oder de Kark marscheern, to'n grote Verwunnerung vun de Lüd, de op de Strat weern. Uns mak dat natürlich en hellischen Spaß; eerstmal keem wi anne frische Luft un denn griin wi de Lüd ganz fründli to, wenn de stan bleewen un unsen Marsch umme Kark ankeeken. Nich ganz so renlich, awer eben so spaßig weer dat, wenn inne Scholstünn een vun de, de nög an't Finster seeten, nischierig dörch dat Finster na den Swinsstall keken harr, de ünner dat Scholfinster leeg. Dar geev dat mennigmal Larm ünner de Swin, un wenn nu eener, as ik all seggt heff, nischierig wen weer, denn war dat Finster opmakt, un uns' Moschü müß sik op de Finsterbank setten, de Been na buten, un „Wuttj, Wuttj" ropen, allns um em an de Ehr to faten. Denn war dat en Hauptspaß, wenn he so wenig Ehrgeföhl harr un sik ünner de Swin, de all lang de Köpp inne Höch höln un na em rop snuppern den, hendal falln leet un den Opror ünner dat Veh noch vel duller mak. Denn störrt de ganze Schol an't Finster un keek to, wa he ut den Swinsstall wedder herut krabbel. Dat dur en hellische Tid, ehr he op 'n groten Ümweg wedder in de Schol anlang.

Ut diße pläseerliche Schol keem ik denn na Jahr un Dag wirklich „na Thomsen", dat heet in de höchste Klaß vun de Volksschol, wo man denn sin veer oder fief Jahr aftositten harr, bet man kunfirmeert war. Uns' Herr Thomsen weer 'n wunnerbaren Mann, grot un bred vun Figur, mit 'n mächtigen Kopp. He stünn domals in sin besten Jahrn, weer Junggesell un lev ganz eensam vaer sik hen. Dar muß mal wat Slimms in sin Lewen paßeert wen, de Lüd wüßen awer nich, wat dat weer. Towilen keem dat vaer, dat he richtig verrückte Schurn harr; dat dur denn sin Tid, bet he wedder to Vernunft keem un insee, dat se em keen Gift in sin Gedränk dan harrn un dergliken. Schol holn de he bi sin Anfäll doch; wi kunn awer ganz god marken, dat dat nich richtig in sin Kopp weer. Dorbi weer he en Schollehrer ut'n ff, dat sän de Lüd allgemeen. As em mal sin böse Geist oder sünst wat darto drewen harr, sik üm en Stell in Heiligenhafen to bewarben, höl he dat dar blots en Tidlang ut; do dreev em dat wedder na min Heimatsort torügg, un de Freud em wedder to kriegen, weer so grot, dat sin Schol em en Mil wid inne Möt trock un em inhal. Wenn ik nu an em torügg denk, kummt he mi noch rätselhafter vaer as fröher; ünner annere Ümstänn harr wull wat Bedüdendes ut em warrn kunnt, so awer bleev he Scholmeister un plag sik jahrin un jahrut mit de groten Jungs af, bet he as ole Mann afgan de. Do heff ik em, as ik sülbn all in Amt un Würden weer, ut ole Anhänglichkeit noch mal besöcht. Do mark ik ok, dat he en groten Wedderwilln gegen all dat „Geistliche" harr. Dat mag fröher ok wull mit in em wöhlt hemm, blots dat he't nich utspreken dörf. Welke Jahrn naher weer sin böse Geist wull mal wedder aewer em kamen, un eenes schönen Dags stünn in de Zeitungen, dat 'n oln pensioneerten Scholmeister op Kolenweid*) sin Bett mit Petroleum begaten, sik darop leggt un dat Bett denn ansteken harr. De Lüd harrn em verbrennt opfunn.

Dat güng in sin Schol wat anners her, as vaerdem bi den lütten Ünnerlehrer, un lehrn kunn man bi em, wat domals inne Volksschol aewerhaupt to lehrn weer. Na unse Tid to reken weer't wull nich alltovel, un jedes Jahr, wenn de Naschubbs ut de anner Schol keem, fung dat wedder vun vaern an. Dat geev Schriwen, Reken, Lesen und nicht to vergeten Bibel, Katekißen un Gesangbok, un denn noch 'n beten Geographie un Naturlehre un Geschichte. Wil ik vaerwarts kamen kunn, leet Thomsen mi noch in allerlei en Blick don, wat sünst nich in de Volksschol herin hör, Algebra, Geometrie un dergliken, awer dat reck al nich vaer dat, wat ik weten much. In min Hunger darna sleek ik mi Midderweken und Sünnabends-Namiddag, wenn keen Schol weer, wedder inne Scholstuv rin un mak dat Pult vun Thomsen apen. In sin lütt grau Notizbok stünn mehr as he uns inne Schol vertell, dat harr ik markt, un dat schreev ik mi denn heemlich af, ümmer in Angst, dat Schollehrer oder Hushöllersch mal tofällig inne grote eensame Scholstuv rinkiken un mi bi min Don un Driwen, wat mi as 'n Deefstal vaerkamen de, to faten krigen warn. Vaer alln weern't Namen un Talln ut de Geschichte, awer ok allns sünst, wat mi inne Hann full. Ik weer so'n richtigen Wilhelm Raabeschen Hungerpaster, vull Hunger na de Böker un de Wunnerdingn, de darin verborgen leegen. Böker warn bi uns nich wider anschafft as wat inne Schol nödig weer; so beddel ik denn bi Scholkameraden, de welke schenkt kregen harrn oder wo de Öllern welke harrn, un langwil mi lange Stünn mit er, wenn ik blots Utsicht harr, abends en Bok mit na Hus to krigen. Een vun min Frünn harr Dullers „Deutsche Geschichte" mit Biller to Wihnachen kregen; de schreev ik mi, so dick dat Bok ok weer, in alle Hauptsaken oder wat ik darvaer ansehn de, af. Nicht vergeten warn darbi de Vers, de aewer jedes Kapitel stünn; dat aewerleep mi mit 'n Schur, wenn ik lesen un hinschriwen kunn: „Braust des Reiches Aar vor Zorn nicht auf, daß er erzittert? – Papst des Kaisers Lehnsherr?" Oder: „Das Kaiserreich will wachsen; was der Vater glorreich begonnen, will der Sohn vollenden." Lange Jahrn naher, wenn ik mal na Hus keem, heff ik noch de dicken Hefte mit ern Ümslag vun grau und groff Papier vaerfunn; wo se toletzt blewen sünd,

*) Kaltenweide, eine der fünf Hauptstraßen im alten Elmshorn.

weet ik nich, wahrschinlich ward de Müs se opfreten hemm. Ok 'n Bok vun Zacharias – so glöv ik weer de Nam – weer en Hauptfund vaer mi; darin weer Geographie, Naturgeschichte und ik meen ok Weltgeschichtliches vaer jedes Land tosamenfat. In wo wide Feern güngn min Gedanken darbi.

En ganz besunneres Bahntje harr de Thomsensche Schol noch, nemlich de Doden „ümtosingn", as dat nömnt war. Dat keem domals noch hüpig vaer, dat 24 Jungs vaer den Likenwagen hertrokken un Gesängn brülln müßen. Ünner Herr Thomsens Anförung trocken wi, wenn en Lik ümsungn warrn schull, des Namiddags in dat Likenhus, wo Lichter op un üm den Sark brennen, un en Töller mit Zitronen vaer de Drägers stunn; jeder kreeg een. Mennigmal war de Sark eerst slaten, wenn wi all dar weern, un wi kreegen de Lik noch to sehn. Vaer alln weern dat de Schosters, de uns in Verdeenst setten, un vun de geev dat 'n ganzen Barg. Jede Schostergesell war ümsungn, un dar storwen recht vel, meistens anne Swindsucht. Op den Sark war so'n Art Kron vun allerlei Flitterkram fastmakt; darin bummel en lütten Engel ut Waß. Op'n Karkhof weer de Platz, wo de Schostergeselln begrawen warn, licht an de Engels to kenn, de dar naher an de Krüzen hen un her bummeln, wenn de aewrige Flitterkram all in Wind und Wedder vergan weer. Eerst war mit de Lik dremal üm den Steen merrn op'n Karkhof trocken, de Kulengräwer güng vaeran, denn güng dat na de Kul. Wenn de toschüffelt war, fung de Chor an to singn: „Begrabt den Leib in seine Gruft", Gesangbok Nr. 545. De twete Vers weer de Antwort, de war vun twe Jungs vaer den Doden sungn: „Grabt mein verwesliches Gebein, o Ihr noch Sterblichen, nur ein; der Leib er bleibt im Grabe nicht, denn Jesus kommt und hält Gericht." Denn keem wedder de Chor: „Aus Staube schuf ihn einst der Herr, er ist schon Staub und wird's noch mehr", un so güng dat umschichtig wider, bet de Kul vull weer. Naher marschirn wi na de Schol; dar warn wi aflohnt. Jede gewöhnliche Sänger kreeg 'n Dubbelschilling, de Antwortssänger kreegen veer. En Doden ümtosingn geev ümmer en angenehmen Namiddag; eerstmal harn wi keen Schol, un denn geev dat bi de Lik Kaffee un Eiermaan oder möllnschen Tweback un achterna en Dubbel- oder veer Schilling.

Persepter Paulus Nothnagel (um 1845)

Johann Hinrich Fehrs

In diesem bescheidenen Gebiet herrschte vierzig lange Jahre als Schulmeister Paulus Nothnagel, von allen Dorfbewohnern jedoch nie anders als Persepter (Praeceptor) genannt, mancher mochte seinen Namen kaum kennen. Er übte seine Herrschaft in der schlichtesten Hülle. Sein Tuchrock mit sehr langen Schößen war blank von Alter und Gebrauch, das meist hellgraue, gestreifte Beinkleid mit Tintenflecken übersät, die rotgeblümte Weste bis an den Hals zugeknöpft; Kragen, Krawatten oder Krausen waren ihm ein Greuel, er nannte sie verächtlich „olle Kalwerkrüsen". Wenn er nicht nach der Stadt oder einem Nachbardorfe ging, trug er beständig hohe Holzpantoffeln an den Füßen, und den grauen struppigen Kopf zierte die blauweiße Zipfel- oder Kapitelmütze. . . .

Persepter trug sein lebelang an mancherlei Lasten. Die Einnahme war sehr klein: rund 120 Mark bar, der Ertrag von zwei Kühen und einigen Tonnen Land, etwas Brotkorn, das die Bauern alljährlich zu liefern hatten, und 32 000 Soden Torf – das war die Jahresration, zum Leben zuwenig, zum Verhungern zuviel. Der reiche Kindersegen wurde ihm geschmälert durch Tod und Verirrung, einer seiner Söhne war schwachsinnig und nicht einmal zu einem einfachen Handwerk geschickt. Dazu kamen zeitweilig Krankheit, Ärger, Verdruß über unnütze Kinder und unverständige Eltern, kurzum die Sorge wich nicht von seiner Schwelle, und öfters gesellte sich der Gram dazu. Er klagte niemals, auch gegen seinen Freund Andrees nicht. Dieser hat wiederholt ausgeholfen, aber er mußte es heimlich tun; Anleihen machte er nicht, da er wußte, daß er sie nicht zurückerstatten konnte, und Gaben, Almosen wies er ab, lieber wollte er darben.

Seine Cillja tat Wunder, ihre unermüdlichen Hände deckten trotz alledem täglich den Tisch und hielten die Kinderschar heil und rein. Als praktische Hausmutter griff sie aber auch mit beiden Händen zu, wenn der himmlische Segen in Gestalt von alten Hosen und Röcken, Braten, Würsten und Speckseiten ins Haus flog. Es ist anzunehmen, daß Persepter nicht selten davon erfuhr – er schwieg dazu. Denn als er einst bei einem besonders leckeren Mahl näher nachforschte, wurde seine Cillja ganz kriegerisch und meinte: „Dat geit di nix an, Paul, de Koek is mien! Denk, se hebbt dar baben inslacht un düt Rippenstück hindal smeten mi grad in de Pann. Woto vel fragen, wenn't smeckt!" Hier war seine Macht am Rande, das war ihm klar, überdies billigten die Augen der Kinder so deutlich der Mutter Verfahren, daß er fortan in Ergebung dem Dinge seinen Lauf ließ. Aber es war und blieb ihm schmerzlich, als Gabe entgegennehmen zu müssen, was er glaubte redlich verdient zu haben. Wiederholt suchte er seine Bauern zu bewegen, ihm seine Bareinnahme zu erhöhen, man schlug's ihm jedoch ab. Er habe sich für einen bestimmten Lohn verdungen, müsse also seine Zeit dafür dienen, meinten die Harten; andre wollten herausrechnen, daß er gemächlicher leben könne als mancher Bauer und dabei bequeme Tage habe. So drangen seine Freunde, unter denen Andrees am lautesten für ihn sprach, nicht durch . . .

Suchen wir Persepter einmal in seiner Werkstatt auf!

Schon morgens vor Beginn des Unterrichts stand er am Pult und schrieb den kleineren Schülern auf der Schiefertafel etwas vor. Noch ging es still und friedlich her, die Kinder lernten eifrig an Gesang, Spruch oder Landeskatechismus, der mit dem Satz begann: „Wir Menschen wünschen alle vergnügt und froh zu sein", und doch so gräßlich war für die geplagten Kinderköpfe, denn er mußte mit allen Anmerkungen auswendig gelernt werden. Die Ankommenden boten einen lauten „Goden Morgen, Persepter!" und ein näselnder Celloton vom Pult her kam als Antwort. Die Kleinen hatten Muße, sich ihren Freund einmal recht genau anzusehen. Sie standen mit ihm auf einem sehr vertrauten Fuß, so daß er geduldig stillhielt, höchstens mal vergnüglich dazu schmunzelte, wenn sie die Tintenflecke an seinem Beinkleid zählten oder sich halblaut über seine rötlich schimmernde, etwas behaarte Nase unterhielten, aus der zu ihrer Verwunderung ab und an zwei feine Rauchsäulen hervorschossen. Sie bogen ungehindert seine lange Pfeife zu sich heran und betrachteten auf dem Pfeifenkopf die merkwürdige Illustration zu einem darunter stehenden Spruch, den sie freilich nicht lesen und verstehen konnten, den sie aber von den größeren Kameraden gelernt hatten, sagten ihn auch wohl im Chor her:

Teufel beten, Engel fluchen,
Katzen, Mäuse sich besuchen,

und wiesen vergnügt die Richtigkeit an dem Bilde nach. Das ahnten die kleinen Krabben freilich nicht, daß ihr alter Freund die Welt noch anderswo verkehrt fand als auf seinem Pfeifenkopf.

Nachdem das Geschäft des Vorschreibens besorgt war, begann die Schule mit Gesang und Gebet. Dann verließ Persepter das Pult – er war Peripatetiker – und wandelte während des Unterrichts zwischen den beiden Bankreihen, an der einen Seite die Mädchen, an der andern die Knaben, auf und ab.

Sein erster Gegenstand war an vier Tagen der Woche ein Abschnitt aus dem Landeskatechismus oder die sonntägliche Epistel und das Evangelium, an den zwei übrigen wurden die biblischen Geschichten betrachtet und eingeprägt. Außer dem Landeskatechismus wurden Gesänge und Bibelsprüche in großer Zahl auswendig gelernt, unerklärt und ohne rechte Beziehung zu dem jeweiligen Gegenstand der Unterredung, geradeso, wie man mit dem großen und kleinen Einmaleins verfuhr – er arbeitete in diesem Stück gewissermaßen auf Lager.

Durch zwei Dinge zeichnete sich die Religionsstunde vor allen andern aus: durch große Ruhe und Stille und durch die hochdeutsche Sprache. Persepter unterrichtete in allen Fächern plattdeutsch, das verstanden er und seine Schar am besten, nur die Religionsstunde machte davon eine Ausnahme. Zum Sonntag und zum Gotteshaus gehört das Feierkleid; so mochte ihm und den Kindern die hochdeutsche Rede auch wie ein Feierkleid erscheinen, das man anlegt, wenn man sich mit dem Höchsten und Heiligsten beschäftigt. Wie Lehrer und Schüler mit der Sprache sich abgefunden haben, davon meldet die Chronik nichts.

Aber als die gewaltige Flutwelle vom Jahre 1848 auch den Holstengau mit Marsch-, Moor- und Heideland überspülte, da dämmerte in den Köpfen der Dorfbewohner der Gedanke auf, daß Hochdeutsch durchaus zum Leben nötig sei. Sie begehrten auf und forderten für ihre Kinder allgemeinen hochdeutschen Unterricht. Persepter wurde jedoch bockbeinig und leuchtete ihnen derart heim, daß sie einstweilen von ihm abließen. Der Pastor, der ihn trotz seiner Schrullen schätzte, meinte, die Kinder lernten ja ganz leidlich, sie sollten darum den alten Mann seine Zeit gewähren lassen. Und man ließ ihn gewähren, doch suchten einige Unzufriedene Abhilfe. . . .

Wie gesagt, Persepter blieb dabei, nur die Religionslehre auf hochdeutsch zu erteilen; ging er zu einem andern Gegenstand über, so warf er den unbequemen Kothurn beiseit und redete wieder sein liebes Platt.

Selbst die biblischen Geschichten wurden plattdeutsch erzählt. Dabei gings lebendig her, die Kinder waren ganz in der Sache, Staunen, Trauer, Freude, Angst, Abscheu und Spott – alles stand deutlich auf den Gesichtern zu lesen, brach wohl laut hervor zur Ermunterung des Erzählers. Persepter hatte unter den Gestalten der Bibel offenbar seine Lieblinge, bei denen er mit Behagen verweilte. Mutter Eva wurde von ihm und seinen Hörern arg mitgenommen, die ganze Schar trieb im Verein mit dem Engel und seinem feurigen Schwert sie und den armen Adam aus dem Paradiese. Das stand allen fest: ihr lüsterner Biß hatt' es verschuldet, daß von da an jeder junge und alte Adam im Schweiße seines Angesichts sein Brot essen und den schrecklichen Landeskatechismus lernen mußte. Kain war allen ein Greuel, ebenso Absalom, der Geck und Empörer; aber Simson, Saul und Goliath waren Gestalten, die man anstaunte und bei denen man gern verweilte. Von dem Riesen entwarf Persepter ein unvergeßliches Bild: ein Kopf wie ein Kübel, eine Nase wie 'ne Faust, Barthaar wie Besenreis, Lippen wie Würste – es war ein entsetzlicher Kerl! – Alles wurde haarklein und plastisch beschrieben; blieb den Kindern etwas unklar, fragten sie nach, und Persepter machte die waghalsigsten Aussagen von seinen biblischen Freunden. Ausrufe der Höhrer wie: Oha! – Na?! – Junge di! ließ er ruhig passieren, wenn sie nicht geradezu störten; sie weinten und lachten, staunten und schalten in seinen Stunden, und so war's ihm eben recht.

Der Schauplatz dieser biblischen Erzählungen war nicht eigentlich Palästina; es war etwa die weite Heide, deren Dörfer und die naheliegenden Städte und Flecken, mit schlanken Palmen, prächtigen Zedern und Olivenhainen, mit Löwen, Schakalen, Eseln und Kamelen; Fluß und See wußte man sich leicht aus Bach und Teich zu konstruieren, nur das Meer fehlte, seinetwegen mußte man mit Jonas eine weite Reise machen.

Mancher könnte wähnen, daß eine derartige Behandlung diesen Stunden alle Weihe genommen hätte, doch das war keineswegs der Fall. Persepters Gestalten waren Menschen von Fleisch und Blut, wenn ihre Gaben auch oft über das natürliche Maß hinausgingen; sie hatten nichts Schemen- und Schattenhaftes, die Kinder sahen sie sprechend, handelnd und wandelnd vor Augen und fühlten sich ihnen verwandt. So wurde ihnen der Heiland vertraut wie ein Freund. Heilige Schauer ergriffen sie, wenn sie ihn auf dem See von Welle zu Welle ruhevoll schreiten sahen im Abenddämmer, als setze er seinen Fuß auf Ackerfurchen; sie ballten die Faust gegen die falschen, lauernden Pharisäer, sie begleiteten den Dulder in bangem Schweigen nach Golgatha und standen weinend unter dem Kreuz, hörten am Ostermorgen den Donner des Steins, der sich vom Grabe wälzt, und sahen die erschrockenen Kriegsknechte, wie ihnen die Waffen entgleiten und sie davonstürzen – alles ging an ihrem inneren Auge vorüber wie ein erschütterndes Drama. Das war sicherlich ein großer Erfolg für den Lehrer, der auf diesem Gebiet unter den Genossen seinesgleichen suchte.

Nach der Religionslehre folgte in der Regel eine Schreibstunde in Verbindung mit Aufsagen des Gelernten. Persepter fing nunmehr an, den Saumseligen fürchterlich zu werden. Stockte jemand wiederholt oder schwieg gar mitten im Text, so erfolgten üble Dinge. Die Stufenleiter der Strafen hatte viele Sprossen, hier nur einige: Nachsitzen – eine Stunde, im Wiederholungsfall zwei und drei – Maulschellen, Rutenhiebe in die Hand, Stockschläge in Verbindung mit der Schlingelbank usw. Half das ganze Register nicht, dann erst wurde den Eltern feierlich Anzeige gemacht, und nun geriet der arme Sünder abwechselnd von der Scylla in die Charybdis.

Luther klagt einmal in seinen späteren Jahren über die harte Schule, die er hat durchmachen müssen, und führt an, daß er an einem einzigen Morgen fünfzehnmal wacker gestrichen worden sei – etwas reichlich, auch wenn man annimmt, daß in seinen Kinderjahren der große Mann ein kleiner Schlingel gewesen sei. Solches geschah vor vierhundert Jahren, und leider war's vor reichlich fünfzig Jahren in manchen Schulen nicht viel anders. Auch Persepter strafte oft und nicht selten zu hart. Er wußte sich übrigens in seiner Erziehungsweise vollkommen einig mit dem Hause, denn diese strenge Zucht war durchweg allgemein. Man kann gewiß manches an dieser Kindererziehung aussetzen, namentlich das Unmaß körperlicher Züchtigung, aber eins muß man der strammen Zucht nachrühmen: sie brachte der Jugend den Begriff einer Autorität bei, lehrte aufs Wort merken, die Kinder lernten das erste aller Gebote, das vierte, kennen und üben, Vater, Mutter, Lehrer waren ihnen geheiligte Personen, denen man folgen müsse. Und auf dem Grunde dieser irdischen Autorität konnte die göttliche feste Wurzel fassen. Heutzutage lernt mancher erst strikten, unbedingten Gehorsam vom straffen Lehrherrn oder vom Unteroffizier, deren Seelen mütterliche Gefühle fernliegen. Wenn wir fragen, woher diese erschreckliche Pietätlosigkeit und das Verneinen jeder menschlichen und göttlichen Autorität in ganzen Volksschichten kommt, so ist eine der vornehmsten Ursachen leicht gefunden.

Nicht selten durchbrach Persepter jene Strafordnung. Der Sünder kam mit einem langen lastenden Blick davon oder jener hielt ihm eine krause hochdeutsche Standrede, von der er kein Wort verstand und auch wohl nicht verstehen sollte. Mitunter wurde der Schuldige zum allgemeinen Jubel dazu verdammt, in der Pause auf dem Schulhof Bock zu stehen: er mußte gebückt, die Hände auf die Knie stützend, sich hinstellen, und die ganze lose Schar, klein und groß, sprang über ihn hinweg oder stieß ihn um, wenn der Sprung mißlang, so daß er arg zugerichtet aus der Affäre hervorging und zum Schaden obendrein den Spott erdulden mußte.

Die Normalschule in Ratzeburg (um 1850)

Christian Mirow

Die Normalschule in Ratzeburg war in ihrer Einrichtung der Ekkernförder getreu nachgebildet. Ihr erster Lehrer, Hintze, hatte sich wochenlang zum Studium des wechselseitigen Unterrichts in Eckernförde aufgehalten. Hintze verstand seine Sache und war ein getreuer Schulmeister. Er starb 1836 an den Pocken, die er sich durch den Besuch eines an den Pocken erkrankten Kindes zugezogen hatte.

Das Schulzimmer der Normalschule befand sich in dem Mittelschiff des oben als alte hannoversche Kaserne bezeichneten Hauses und ging quer durchs ganze Mittelschiff, hatte eine Länge von 24, eine Breite von 18 und eine Höhe von 3 m und war für 108 Schüler bestimmt.

Bei dem Eintritt in dies Zimmer fielen jedem Eintretenden auf: 1) die Größe desselben, 2) die Nummern, die oben an den Wänden in der Reihenfolge von 1–108 standen, 3) eine sehr große Tafel, von der weiterhin als Ordnungstafel geredet werden wird.

Das Zimmer hatte von Norden und Süden Licht. An der nördlichen Seite stand das kanzelförmige Katheder. Über demselben hing eine Wandtafel, neben dieser rechts und links je eine kleine, die Warnungstafel und die Straftafel, die erste mit grauem, die zweite mit schwarzem Anstrich. Dem Katheder gegenüber an der Nordseite hing die vorhin erwähnte Ordnungstafel von etwa 2 m Höhe und etwas mehr als 1 m Breite. Rote senkrechte und waagerechte Linien durchschnitten sich auf derselben rechtwinklig. Sie hatte 3 Hauptkolonnen mit den Überschriften: Lesen, Schreiben, Rechnen. Jede Kolonne war wiederum in 4 schmale senkrechte Kolonnen mit den Überschriften: Stufe, Schüler, Untergehilfe und Ergänzungsgehilfe*) zerlegt. Alle Kolonnen waren mit Nummern beschrieben. Im ganzen war ihre Aufschrift eine Abschrift des Hilfsprotokolls, und hatte den Zweck, jedem Schüler sofort bei seinem Eintritt zu sagen, ob er Schüler, Untergehilfe oder Ergänzungsgehilfe sei, und welcher Stufe er selbst an diesem Tage angehören solle.

Bänke und Tische hatten einen solchen Stand im Zimmer, daß

*) Der Ergänzungsgehilfe mußte im Falle der Erkrankung eines Untergehilfen diesen vertreten.

zwischen ihnen und den Wänden ein rundherumlaufender Gang von reichlich 1 m Breite freiblieb. In diesem Gange befand sich 40 cm von der Wand entfernt und ½ m hoch eine eiserne Stange an 3 Seiten des Zimmers, die den Zweck hatte, die an den Wänden in bestimmter Ordnung und Reihenfolge hängenden Lese-, Schreib- und Rechentabellen vor der Berührung der Kinder zu schützen.

Die des Morgens, Mittags und nach den Pausen eintretenden Schüler mußten sich zunächst unter ihre Laufnummer stellen und blieben dort stehen, bis sie in die Bänke gezählt wurden.

Die Anzahl der Schulbänke und der damit verbundenen Schultische belief sich auf 10. Die beiden dem Katheder zunächst stehenden hatten horizontale Platten, die beiden letzten ebenfalls, die übrigen hatten schräge Platten. Die beiden vordersten waren für die Lektionsklasse IIb bestimmt, die beiden letzten für die ganz Kleinen, die noch auf Sandtafeln mit hölzernen Stiften zeichneten und schrieben. Sämtliche Tische waren mit Vorrichtungen für das Daranstellen der Tabellen und für das Daranhängen von Wischrollen und Schiefertafeln versehen und standen so weit voneinander entfernt, daß zwischen ihnen ein Gang für Lehrer und Schüler freiblieb.

Im Schulzimmer befand sich außerdem ein hoher Schrank für Bücher und Veranschaulichungsmittel etc. An drei Wänden des Zimmers sah man bei jedem Lesetabellenhaufen ein blechernes Schild mit den Buchstaben U. G. (Untergehilfe) und ein Zeigestäbchen, das etwa 40 cm lang war, nach dem einen Ende spitz und nach dem andern breit zulief und demnach vom Untergehilfen zum Zeigen oder Verdecken der einzelnen Leseobjekte gebraucht werden konnte. Das Schild hing der Untergehilfe um und trug es zum Zeichen seiner Würde auf der Brust, das Stäbchen nahm er zu dem oben bezeichneten Zwecke in die Hand. Er war dann ein ganzer Mann und nach seiner Meinung eine bedeutungsvolle Persönlichkeit, namentlich dann, wenn er noch ein Neuling in diesem Amte war. Nach seiner technischen Ausbildung mußte der Untergehilfe allerdings drei bis sieben Stufen höher als die ihm anbefohlenen Schüler stehen.

Die Schule selbst war eine gemischte Elementarschule, welche demnach Knaben und Mädchen der Unter- und der Mittelstufe besuchten; es durften aber auch Kinder der Oberstufe, wenn deren Eltern es wünschten, darin zurückbleiben. Von dieser Erlaubnis machten Mädchen nicht sehr selten Gebrauch, Knaben niemals.

Auf dem Lehrplane standen außer Lesen, Schreiben und Rechnen noch biblische Geschichte, Katechismus, Lesen in der heiligen Schrift und im Gesangbuche, Memorieren von Bibelsprüchen, Gesangversen und Katechismussätzen, ferner Anschauungsunterricht und Denkübungen, deutsche Sprache und gemeinnützige Kenntnisse, zu denen auch vaterländische, das heißt dänische Geographie gerechnet wurde.

Gegliedert war die Schule wie die Eckernförder in Klasse I, IIa und IIb, die wiederum in Gruppen zerlegt wurden, und hatte neben einem Hauptlehrer einen Gehilfen.

Der Hauptlehrer erteilte 24 Stunden wöchentlich unmittelbaren Unterreicht, abwechselnd in der einen oder andern der Lektionsklassen. In vier wöchentlichen Stunden, die er in kleinere Zeitabschnitte zerlegte, beschäftigte er sich mit den Kindern, die sich unter Untergehilfen im Lesen, Schreiben und Rechnen übten, einerseits deshalb, um mit dem Uhrwerk in stetem Konnex zu bleiben, andrerseits, um genau die Leistungen, Fähigkeiten und Fortschritte der einzelnen Schüler aus eigenen Anschauungen kennen zu lernen etc. Der Gehilfe leitete und beaufsichtigte die Selbstbeschäftigung.

Zur Veranschaulichung des Lehrbetriebs in dieser Schule mag hier der Verlauf der ersten Morgenstunde des Montags beschrieben werden. Die Schüler versammeln sich vor dem Beginn der Schule auf der Vordiele des Schulzimmers; der Gehilfe und einige größere Untergehilfen befinden sich im Schulzimmer, um die Tagesarbeit vorzubereiten. Der Lehrer tritt ein, revidiert und gibt für die Schüler das Zeichen zum Eintreten. Sie treten ein und stellen sich unter ihrer Laufnummer im Gang auf. Mit dem Glockenschlage 7 oder 8 betritt der Lehrer das Katheder und kommandiert die Schüler in einer durch das Tagebuch bestimmten Reihenfolge in die Bänke. Es folgt die Morgenandacht mit Gesang und Gebet. Klasse IIa und IIb sind am Montag in der ersten Stunde, die eine Religionsstunde ist, kombiniert. Klasse I hat Lesen. Die Untergehilfen und Schüler der 14 Lesestufen werden mit ihren Nummern vorgelesen, gehen schon während des Vorlesens ihrer Nummern still und geräuschlos an ihre Stufen und stellen sich dort im Halbkreise, mit dem Gesicht gegen die Wand und die Tabelle gekehrt, auf; der Untergehilfe hängt sein Schild um, nimmt das Zeigestäbchen in die linke Hand, stellt sich links neben die Gruppe und zeigt mit der rechten Hand auf den Schüler, der die Übung beginnen soll. Das Lesen geschieht mit gedämpfter Stimme, aber mit sehr scharfer Artikulation. Die Schüler lesen der Reihe nach oder auch außer der Reihe, wie der Untergehilfe es für nötig erachtet. Nach halbstündiger Übung im Lesen folgen auf das Kommando: „Zum Auflösen" Übungen im Analysieren. Die Schüler machen kehrt und stellen sich in gerader Linie mit dem Rücken an die eiserne Stange. Der Untergehilfe stellt sich, Angesicht gegen Angesicht, vor die Schüler, liest von der Tabelle ein Wort ab und läßt dasselbe von einem der Schüler in seine Laute zerlegen. Gegen das Ende der Stunde revidiert der Gehilfe oder Lehrer, und ein oder der andere Schüler wird ev. auf die nächst höhere Stufe versetzt und so fort.

Dorfschule in Moorrege (um 1850)

Johannes Schmarje

Als Sohn eines Dorfschullehrers bin ich in dem Schulhause meines Heimatdorfes Moorrege, Kr. Uetersen, geboren und herangewachsen. Das Gebäude, obwohl erst in den dreißiger Jahren des vorigen Jahrhunderts an Stelle einer alten Schulkate errichtet, genügte mit seinen kümmerlichen Räumen und der Zweckwidrigkeit seiner Einrichtung den heutigen Ansprüchen in keiner Weise. Aber es bildete in dieser Hinsicht keine Ausnahme. Das beste am Hause war der von dem Dorfkünstler Jochen Voß wirklich schön in Sandstein gehauene Bibelspruch: „Lasset die Kindlein zu mir kommen“ über der Haustür, die auch von den Schulkindern benutzt werden mußte. Sie führte auf eine mit Ziegelsteinen gepflasterte Diele. Zur Rechten hatte man eine kleine Kammer, den Stallraum für eine Kuh, die steile Treppe zum Boden und die Küche mit offenem Herd, zur Linken zwei Wohnstuben und geradeaus die Schulstube, die die ganze hintere Hälfte des Hauses einnahm. Daß der Straßenschmutz von den Schulkindern durch das ganze Haus getragen wurde, war ein Gegenstand beständigen Ärgers für meine Mutter, die ihr Reich gerne fein sauber und für sich gehabt hätte.

Der erste Schultag ist ein großes Ereignis im Leben des Kindes. Er pflegt darum im Gedächtnis zu haften. Das trifft bei mir nicht zu. Wie ich im vorschulpflichtigen Alter von der Wohnstube in die Küche, in den Garten, auf die Straße, in die Nachbarhäuser frei umhergelaufen bin, so hat mich mein Weg auch schon früh in die Schulstube geführt, wo ich mich frei bewegen durfte und vollkommen unbewußt die ersten Eindrücke auf mich wirken ließ und mit dem Spiel zugleich die ersten Schritte ins Reich der Wissenschaft tat. Mein Vater hat mit später erzählt, ich hätte ihm eines Tages zu seiner Verwunderung als sechsjähriger Knabe ein Stück aus der Fibel vorgelesen. Ich war der großen Kunst Herr geworden, indem ich als Hospitant von einer Lesegruppe (der wechselseitigen Schuleinrichtung) zur andern gelaufen war. Ich weiß nichts mehr davon, glaube aber, daß die großen Mädchen sich meiner hilfreich angenommen haben werden.

In lebhafter Erinnerung habe ich jedoch die kleine Schulstube mit der niedrigen Decke und den kleinen in Blei gefaßten Fenstern an den drei Außenwänden. – Diese eigentümliche Bauart erforderte die derzeit noch in Blüte stehende sogenannte „wechselseitige Schuleinrichtung“. Wenn die Blüten und Sänger und die summenden Bienen des großen, schönen Gartens ihre Grüße durch die geöffneten Fenster schickten, gewährte der kleine Raum den 20 bis 30 Sommerschülern einen behaglichen Aufenthalt.

Das Gesumm der Bienen ruft eine kleine Szene in mir wach, die ich den Lesern nicht vorenthalten möchte, da sie das Idyll der Dorfschule damaliger Zeit gewissermaßen vervollständigt. Mein Vater hatte in Moorrege einen ansehnlichen Bienenstand. Von dem bekannten Fleiß und der Geschicklichkeit seiner Völker erhoffte er eine erkleckliche Verbesserung seines karg bemessenen Einkommens. Das Bargehalt betrug, wenn ich nicht irre, kaum hundert Taler Crt. Er tat alles, um das Verhältnis zwischen ihm und seinen kleinen Arbeitern so freundschaftlich wie möglich zu gestalten. Schon der Bienenzaun (Bienenschauer) glänzte in freundlichem Anstrich und peinlicher Sauberkeit. Aber damit nicht genug: auch jeder Bienenkorb sollte seinen Bewohnern ein anmutendes Heim bieten.

Zu dem Ende wurden die Strohkörbe zum besseren Schutz gegen Nässe und Kälte mit einem Gemisch aus Lehm und Kuhmist überzogen. Schon dadurch gewannen sie in ihrer äußeren Erscheinung. Zur Vollendung aber wurde diese erst durch ein buntes Käpplein, das mein farbenfreudiger Vater mit Pinsel und Leimfarbe geschickt zustande brachte und das ihnen einen geradezu vornehmen Schmuck verlieh. Um das persönliche Verhältnis zwischen Arbeitgeber und Arbeitnehmer zum Ausdruck zu bringen, bekam jeder Bienenstock einen Namen, der auf einem schwarzen, gelb, grün oder rot umrandeten Holzschildchen in zierlicher Schrift zu lesen stand. Auf diesen neben den Fluglöchern angebrachten Schildchen waren so ziemlich alle hervorragenden Berühmtheiten der deutschen Geschichte, Literatur und Pädagogik vertreten. So standen denn in Reih und Glied neben den Dichtergrößen Klopstock, Goethe, Schiller und Uhland die Kriegshelden Ziethen, Blücher, Wulf Isebrand – auch die pädagogischen Sterne erster Größe: Pestalozzi, Dinter, Diesterweg u.a. Nun wollte es das Schicksal, daß an einem Tage gerade der besten Schwarmzeit der Schulinspektor Pastor Nehlsen ganz unerwartet erschien, um seines Amtes zu walten. Mein Vater war mit seiner Katechisation im besten Gange, als das unruhige Gesumme vor den Fenstern den angeknüpften Gedankenfaden jäh zerriß und er mit den Worten hinauseilte: „Entschuldigen Sie, Herr Pastor, Goethe schwärmt!" Während nun mein Vater den schwärmenden Goethe in Sicherheit brachte, bemühte sich der Pastor – vermutlich mit gleichem Erfolg – die schwärmenden

Gedanken der Sommerschüler wieder einzusammeln. Ich erwähne diesen kleinen Zwischenfall nur, weil er für das damalige Verhältnis der Lehrer zu ihren Vorgesetzten bezeichnend ist.

Im Winter bot die Schule ein ganz anderes Bild. Wenn sich im November die Kuhhirten und Pferdejungen wieder einstellten und sich in dem engen Raum wie die Schafe in einer Herde dicht zusammendrängten, war die Luft zum Übelwerden. An der niedrigen Decke hingen dicke Tropfen, und von den Wänden perlte das blanke Wasser. Zu der ausgiebigen Ausdünstung der 110–120 Naturmenschen gesellten sich die von dem großen Beileger ausströmenden Düfte der mit Kohl, Schwarzsauer und anderen landesüblichen Speisen gefüllten Näpfe und Töpfe derjenigen Schüler, die der weiten Schulwege halber ihr Mittagsmahl in der Schulstube verzehrten. Eine Lüftungspause zwischen Vormittags- und Nachmittagsunterricht gab es daher nicht. Menschen, die sich viel im Freien aufhalten, wollen bekanntlich von geöffneten Fenstern nichts wissen. So war denn die Ventilation einzig auf ein einen Quadratfuß großes Loch in der Decke angewiesen.

Sonnabends wurde die Schulstube nach Schluß der letzten Unterrichtsstunde von einigen der größeren Knaben und Mädchen ausgefegt. Das war freiwilliger Dienst. Wie mein Vater und wie die Kinder bei solchen Zuständen einigermaßen gesund bleiben konnten, ist mir immer rätselhaft geblieben.

Nirgends tritt wohl der Fortschritt auf dem Gebiet unseres Schulwesens so augenfällig in die Erscheinung als da, wo wir einen Vergleich anstellen können zwischen den alten Schulkaten der damaligen Zeit und den geräumigen, sauberen und zweckmäßig eingerichteten Schulhäusern der Gegenwart. Es mag nicht unerwähnt bleiben, daß ein großer Teil der Kinder damals mit einem ekelhaften Ausschlag der Kopfhaut behaftet war, und daß die Bekämpfung des Ungeziefers selbst den reinlichen Hausmüttern der Gemeinde nicht immer gelang. Selbst mit der Krätze wurde es nicht allzugenau genommen. Taschentücher galten im allgemeinen für einen höchst überflüssigen Luxus.

Der Schulbetrieb war höchst einfach, so einfach, daß eine Stundentabelle sich erübrigte. Religion, Deutsch und Rechnen teilten sich in die Unterichtszeit von 8 bis 11 und von 1 bis 4 Uhr. Dann und wann wurde das ermüdende Einerlei durch eine Geographiestunde oder ein Bild aus der dänischen Geschichte unterbrochen. Wenn mein Vater uns einmal von Barbarossa, von dem alten Fritz oder Blücher erzählte, oder wenn er uns gar nach Oldenwöhrden oder Hemmingstedt führte, so gewährten uns diese verbotenen Früchte in der dunklen Stunde von 3 bis 4 Uhr einen ganz besonderen Hochgenuß. Das Tagewerk begann stets für die „große Seite" (Oberstufe) mit einer ausgedehnten religiösen Katechisation und dem dazu gehörigen Abhören der aufgegebenen Gesangverse und Bibelsprüche. Die Antworten auf die katechetischen Fragen erfolgten nur im Chor. Wenn ich sage, daß ich über 300 Bibelsprüche mit den „Stellen" intus hatte, so ist das keine Übertreibung. Während der Religionsstunde war die „kleine Seite" auf eine stille Selbstbeschäftigung mit Griffel und Schiefertafel angewiesen.

Nach der feierlichen Stille der Religionsstunde erhob sich in der ganzen Schule – ähnlich wie in der Hamburger Börse – ein lautes, wie auf einen Ton gestimmtes Gesumme: Das Helfersystem setzte ein, für die an den Fenstern um die Eckernförder Lesetabellen versammelten Rekruten, für die Fibelschützen und für die Anfänger im Schreiben und Rechnen. Die „große Seite", soweit sie nicht im Helferdienst beschäftigt war, stürzte sich auf den Kroymann, und dabei war es dann ganz in der Ordnung, daß die schwächeren Rechner bei den weiter fortgeschrittenen Rat und Hilfe suchten, wenn die „Exempel" nicht „aufgehen", die darunter vermerkte „Antwort" trotz der gewagtesten „Ansätze" nicht kommen wollte. Erst, wenn alles Mühen – oft tagelanges – umsonst war, wurde Hilfe von meinem Vater erbeten. Bei Belehrungen auf der einen Seite mußte sich bei ihrer Selbstbeschäftigung die andere Seite zu einem um einige Töne herabgesetzten Gesumm bequemen. Lautes Sprechen des Lehrers war aber immer erforderlich. Als Hilfsmittel für die Leseübungen, die abwechselnd als Einzel- und als Chorübungen betrieben wurden, dienten von unten nach oben – Fibel, Katechismus, Spruchbuch (ein von meinem Vater verfaßtes Büchlein mit Sinnsprüchen und Denkversen), Gesangbuch und Bibel. Wie schnell doch die Zeit läuft! Heute hält der fortgeschrittene Pädagoge den Gebrauch eines Lesebuchs bereits für einen überwundenen Standpunkt. Den Übungen im Rechnen und Deutschen dienten Schiefertafeln und Griffel. Jeder Schüler der „großen Seite" war außerdem mit einer „Blacklade" für Feder und Tinte ausgerüstet. Die Versuche meines Vaters, die bei den Krämern in Uetersen gekauften, ganz erbärmlichen Schreibhefte in losen Umschlägen mit Schlachten- und anderen Schundbildern durch Hefte in gleichem Format, mit brauchbarem Papier und einfarbigen Pappumschlägen zu verdrängen, scheiterten an dem Unverstand der Eltern. Die Stahlfeder muß um 1848 herum in den Schulgebrauch gekommen sein. Aus meiner frühesten Jugendzeit erinnere ich mich noch, daß mein Vater die von den Schülern mitgebrachten Gänsekiele beschnitt. Mein Vater hat die unerhörte Arbeit an der Moorreger Schule 16 Jahre geleistet. Daß er es konnte, ohne an Leib und Seele zusammenzubrechen, wundert mich noch heute.

Auf dem Gymnasium zu Altona (1863)

Friedrich Paulsen

Ostern 1863 kam ich nach Altona auf das Gymnasium. Die drei Gymnasien im Herzogtum Schleswig (Flensburg, Schleswig, Hadersleben) waren noch dänisch, Husum hatte seine alte Gelehrtenschule verloren. Den Weg nach Altona wiesen mehrere dorthin vorangegangene Schüler Pastor Thomsens. Dieser hatte mich und meinen Mitschüler bei Direktor Lucht für die Sekunda angemeldet. Wir stellten uns dem Direktor vor; er wies uns an den Konrektor Dr. Henrichsen, den Klassenlehrer der II. Der kleine freundlich-gesprächige Herr nahm uns mit viel Wohlwollen auf und bestellte uns auf einen nächsten Vormittag zur Aufnahmeprüfung. Noch drei von auswärts gekommene junge Leute fanden sich zur bestimmten Stunde mit uns ein. Wir nahmen um den großen runden Tisch in der Wohnstube des Herrn Konrektors Platz, wo Papier bereitlag. Er diktierte uns einen nicht eben allzu langen deutschen Text zum Übersetzen ins Lateinische. Die Sache fiel für alle fünf genügend aus, und wir wurden in die Sekunda aufgenommen, mein Latein verschaffte mir unter uns Neuen die erste Stelle. Eine Prüfung in anderen Fächern fand nicht statt, so sehr beherrschte das Lateinschreiben noch den ganzen Schulbetrieb.

Das Christianeum in Altona galt als die vornehmste Gelehrtenschule der Herzogtümer, es war wohl auch die besuchteste. Im 18. Jahrhundert von König Christian V. gegründet (ich hab im Jahr 1865 das Anderthalb-Jahrhundertsjubiläum durch einen Umzug durch die Stadt feiern helfen), hatte es den Charakter eines „akademischen“ Gymnasiums erhalten: die beiden Oberklassen bildeten eine Art Mittelstufe zwischen Schule und Universität, im Unterricht und auch in den äußeren Ordnungen. So erzählt der spätere Rektor Schuhmacher von Husum, der als geborener Altonaer am Anfang des 19. Jahrhunderts Schüler des Christianeums war, wie die Primaner nicht wenig stolz auf das Recht gewesen seien, ihre Plätze in der Klasse selbst zu belegen. Diese Reste alter Herrlichkeit waren inzwischen geschwunden. Das Christianeum hatte die allgemeine Form des neuhumanistischen Gymnasiums angenommen; die geltenden Klassen- und Lehrerordnungen gingen auf die Reform des holsteinischen Gelehrtenschulwesens zurück, die K. W. Nitzsch als Professor der Philologie an der Universität Kiel und Inspektor der Gelehrtenschulen in den Herzogtümern in den 30er Jahren durchgeführt hatte.

Es war im ganzen die preußische Ordnung, wie sie unter Joh. Schulzes Regiment gestaltet worden war: der altklassische Kursus, ergänzt durch einen Kursus in den modernen Wissenschaften. Doch hatte Nitzsch aus seiner sächsischen Heimat (er kam aus Wittenberg und hatte in Leipzig studiert) die Anschauung mitgebracht und herverpflanzt, daß der modern-realistische Kursus sich mit der Stellung eines Nebenfaches begnügen, der Schwerpunkt durchaus in dem klassisch-humanistischen Unterricht liegen müsse. Insofern schlossen sich die holsteinischen Gymnasien dem sächsisch-bayrischen Typus an; für Mathematik und Naturwissenschaften galt einigermaßen der Grundsatz: wenn's einer kann, ist's gut, wenn er's nicht kann, ist's auch nicht schlimm.

Eine Erinnerung an die größere Vergangenheit der Anstalt, der übrigens auch mehrere in der Literatur nicht unbekannte Männer angehört hatten, waren die stattlichen Gebäude. Sie füllten eine Seite einer ganzen Straße, der „Hohenschulstraße", fast vollständig aus. Drei große Häuser schlossen sich, da das mittlere etwa 15 Meter von der Straße zurücklag, um einen Vorhof zusammen; eine Reihe geschnittener Linden vor dem zweistöckigen Mittelgebäude gab diesem einen altmodisch-vornehmen Anstrich. Die beiden Seitengebäude lagen in der Straßenflucht. Diese drei Häuser enthielten die Klassenräume und die Lehrerwohnungen. Im Mittelgebäude waren im Parterre die vier oberen ungeteilten Klassen, I–IV, untergebracht; den oberen Stock bewohnte der Direktor. Im rechten Seitengebäude waren drei Lehrerwohnungen, darunter die uns schon bekannte des Konrektors; im linken zwei Lehrerwohnungen und die große Aula. Im Souterrain wohnte hier der Pedell, bei dem zwei alte Bekannte, ältere Schüler von Pastor Thomsen, darunter sein jüngerer Bruder, einlogiert waren. Es war der Anlaß, daß wir oft in der Wohnung des Pedells einkehrten. Hinter diesem Gebäudekomplex war ein Hof, auf dem das stattliche Bibliotheksgebäude und einige Turngeräte standen.

Diese Gebäude erschienen damals außerordentlich ansehnlich und reich. Die Gegenwart würde sie wohl kaum mehr als eine auch nur erträgliche Unterkunft ansehen, die Lehrerwohnungen wie die Unterrichtsräume. Nicht nur fehlten Zeichen-, Physik- und Gesangsäle, es war nicht einmal ein Lehrerzimmer vorhanden. Die Lehrer versammelten sich vor den Stunden einfach auf dem offenen Flur, links neben dem Haupteingang vor der Tür zur Prima. Hier standen regelmäßig, Sommer und Winter, wenn wir eben vor 8 oder vor 2 Uhr in die Schule kamen oder aus der Pause um 10¼ zurückkehrten, drei, vier, fünf unserer Lehrer, der Direktor meist unter ihnen, in lebhaftem Gespräch; der Direktor hielt sich dabei nicht zu vornehm, den Gruß der hier vorübergehenden Primaner und Sekundaner mit jedesmaligem Abziehen des Hutes zu erwidern; er hatte dabei die Gewohnheit, sich in den Hüften zu wiegen, so daß er aus lebhafter Bewegung nicht herauskam.

Der Personalbestand der Anstalt war leicht übersehbar: 8 ordentliche Lehrer, 7 Klassen und 250–300 Schüler. Die Schüler der unteren Klassen waren fast ausschließlich aus der Stadt, Septima eine Art Vorschule, VI–IV die Unterstufe des Gymnasiums, die wohl auch von Schülern besucht wurden, die nicht dem Studium bestimmt waren. Mit der III und noch entschiedener mit der II nahm die Anstalt durchaus den Charakter der auf die Universität vorbereitenden Gelehrtenschule an; in den beiden oberen Klassen saßen kaum noch Schüler, die sich nicht als künftige Studierende betrachteten, höchstens daß ein künftiger Apotheker darunter war. Der Druck des Einjährigensystems führte damals den holsteinischen Gymnasien noch nicht die von Lagarde so genannten „Schnuraspiranten" zu; die dem Kaufmannsstand bestimmten Knaben zogen den Besuch höherer Bürgerschulen vor, die als öffentliche und als private Anstalten in größerer Zahl in den beiden eng benachbarten Elbstädten bestanden. So waren die holsteinischen Gymnasien damals viel mehr als die preußischen eigentliche Gelehrtenschulen. In den beiden ungeteilten Oberklassen war ein ansehnlicher Teil der Schüler von auswärts, vielleicht gegen die Hälfte, viele von ihnen draußen privatim vorbereitet, manche schon in höherem Lebensalter, so ein früherer Seminarist: er trat fast 20jährig mit mir in die II ein, so ein bärtiger Mann, der schon jahrelang zur See gefahren war. Von den 8 Lehrern der Anstalt waren die 6 Klassenordinarien natürlich klassische Philologen; dazu kam der Mathematiker und für die VII ein seminaristisch gebildeter Lehrer. Nicht zum Kollegium gehörte ein Franzose, der einige französische Stunden gab, und der Gesanglehrer. Vom Zeichnen und Turnen weiß ich keinen Bescheid zu geben; für die beiden Oberklassen, die ich allein aus eigener Anschauung kennen gelernt habe, gab es weder Zeichen- noch Turnunterricht: wer Lust hatte, hing sich in den Pausen einmal an die Geräte und machte einen Aufschwung, die Schule kümmerte sich nicht darum. Ebensowenig gab es Jugendspiele oder Schulausflüge. Die Sorge für die leibliche Bildung lag noch ganz außerhalb des Gesichtskreises, ohne Zweifel ein sehr wesentlicher Mangel; die meisten taten gar nichts für den Körper, es sei denn, daß ein Spaziergang von 1 oder 2 Stunden oder einmal eine Ruderfahrt auf der Elbe gemacht wurde. Eine gewisse Verwahrlosung, gesteigert durch ein starkes Kneipenleben, war die Folge.

Unsere Lehrer stellten noch ganz den alten Typus des Gelehrtenschullehrers dar. Sie erschienen vor unseren Augen kaum anders als im schwarzen Tuchrock; der klerikale Habitus, der dem ganzen Lehrerstand in meiner Heimat damals noch anhaftete, hätte den hellen Anzug oder gar die Joppe und den Schlapphut als ein indecorum empfinden lassen. Ebenso wäre es uns schlechthin absurd und unmöglich vorgekommen, daß ein Lehrer auf dem Turn- oder Spielplatz als Vorturner und Ordner sich gezeigt hätte. Übrigens war auch der Übergang aus dem gelehrten Schulamt in das geistliche Amt in den Herzogtümern damals noch nichts Ungewöhnliches. Preußen war in der Deklerikalisierung des Gymnasiallehrerstandes infolge der Heereseinrichtungen und des damit zusammenhängenden Turnwesens beträchtlich weiter vorgeschritten: der Reserveoffizier und der Turnlehrer hatten hier dem weltlichen Typus längst die Herrschaft gegeben. Inzwischen ist der neue Habitus überall in Deutschland durchgedrungen, im mancher Hinsicht sicherlich zum großen Vorteil der Schule und der Schüler; ob in jeder, ob im besonderen zum Vorteil der sozialen Einschätzung des Lehrerstandes, scheint mir nicht außer allem Zweifel zu liegen. Die Stellung neben dem geistlichen Stande, wie sie an sich der Berufstätigkeit des Erziehers entspricht, befreite auf der einen Seite von Repräsentationspflichten, auf der anderen gab sie an der Würde des Standes Anteil, zu dem die Bevölkerung mit Achtung und Ehrfurcht aufzublicken gewöhnt war. Neben den Offizier- und Beamtenstand sich stellend, wird der Lehrerstand immer mit merklichem Abstand die zweite Rolle spielen. Jeder einzelne unter den fünf Lehrern, in deren Händen der Unterricht in den beiden Oberklassen lag, stellt sich mir in der Erinnerung als eine eigentümliche, fest umrissene Persönlichkeit dar: es waren nicht Lehrkräfte, die nach Anweisung Stunden gaben, sondern, mit Ausnahme des Mathematikers, Männer, die jeder mit seiner Art ihre Klasse beherrschten.

An der Spitze des Kollegiums stand Dr. Lucht als primus inter pares, nicht als Vorgesetzter; so wenigstens empfanden wir: der Konrektor und Subrektor schienen uns ihre Sekunda und Tertia ebenso selbständig als der Direktor die Prima zu beherrschen. Wie das rechtliche Verhältnis war, weiß ich nicht, aber das tatsächliche war nicht Unterordnung, sondern Kollegialität, nur daß der Direktor nach außen die Anstalt repräsentierte. Er war ein Mann zwischen 50 und 60, eine hohe, schlanke, überaus biegsame

Gestalt, in beständiger Bewegung; ein kräftig gebauter hoher Schädel, von weißen Haaren weniger verdeckt als umrahmt, gab ihm etwas Ehrwürdiges. Er stand bei uns im Ruf großer Gelehrsamkeit besonders im Gebiet der römischen Altertümer. Sein Unterricht büßte an Wirksamkeit durch einen gewissen Mangel an Energie ein, er hatte nicht das Vorwärtsdrängende, das die Jugend mitnimmt; schon die schleppende, mit eingeschobenen, mißtönenden Flicklauten, die sich oft zu ganzen Reihen häuften, überladene Sprache gab seinen Stunden oft etwas Schläfrig-Mattes. Doch hierauf komme ich später zurück.

Das vollkommene Gegenstück dazu war der Subrektor Dr. Siefert. Er war Ordinarius der Tertia, hatte aber in den beiden Oberklassen den historischen und einen Hauptteil des griechischen Unterrichts. Eine kleine, untersetzte Figur, mit gemessensten Bewegungen und etwas starrem Ausdruck des immer glattrasierten Gesichts (es ging unter uns das Gerücht, daß er als Student ein Auge im Duell verloren habe und ein Glasauge trage), war er die verkörperte Energie. Im Unterricht war er von nie nachlassender Entschiedenheit und Zielstrebigkeit: man hatte beständig die Empfindung, daß es ihm höchster Ernst um die Sache sei. Goethes Wort variierend, konnte man von ihm sagen:

Ich rede nicht, euch zu gefallen,
Ihr sollt was lernen.

Seine Sprache war ein wenig hart und stockend, nicht leicht und anmutig; auch darin trat uns die Entschiedenheit des Willens entgegen, mehr als der Mangel an Leichtigkeit und Beweglichkeit des Talents. Im Zorn, der nicht fern war, wenn er auf Unachtsamkeit und Leichtfertigkeit stieß, erhob sich die Stimme zu verhaltenem Donner: über wen die Scheltrede erging, der nahm sich vor, sich das nächste Mal zu hüten. Dr. Siefert wurde kurz nach meinem Abgang von Altona von der neuen preußischen Verwaltung zum Direktor des Gymnasiums in Flensburg ernannt. Leider hat er das Amt nur kurze Zeit verwaltet; er verunglückte ein paar Jahre nachher auf einer Reise in die Schweiz, von allen, die ihn kannten, betrauert. Unter meinen Altonaer Lehrern habe ich ihm am meisten zu danken.

Wieder eine durchaus eigenartige Persönlichkeit war der Konrektor Dr. Henrichsen, der als Beherrscher der Sekunda mein erster Ordinarius war. Ich sehe ihn vor mir: eine kleine Gestalt, in den Vierzigern, etwas zum Embonpoint neigend; das ausdrucksvolle Gesicht, von zahlreichen kleinen Falten durchzogen, von braunem Haar und Vollbart umrahmt, zeigt meist ein freundliches Lächeln, das freilich nicht von allen für ganz echt gehalten wird; die ungewöhnlich biegsame Stimme hat eine große Skala von Tönen: vom zartesten, einschmeichelndsten Flüstern erhebt sie sich zu starker, volltönender, dröhnender Deklamation. Ein wenig schauspielerisches Talent ist unverkennbar; er liebt es vorzulesen, und er liest gut und wirksam, gleichviel ob die rollenden Perioden Ciceronianischer Reden oder die prachtvollen Hexameter der Ilias oder eine intime Stelle aus Goethes Hermann und Dorothea. Seine Schüler redete er gern: meine lieben jungen Freunde an; kleine Moralisationen oder Erinnerungen aus dem eigenen Leben mit Nutzanwendung werden je zuweilen in den Unterricht eingestreut; er hörte sich offenbar gern sprechen, ein kleiner Anklang von Kanzelpathos steht ihm nicht übel. Seine Sekunda hat er in guter Zucht und beherrscht sie mühelos. Nicht ganz so gut gelingt es in der Prima, wo er einen Teil des lateinischen Unterrichts gibt; indem seine Freundlichkeit sich hier zuweilen zu einer fast schmeichlerischen Bewerbung um die gute Meinung der Klasse und der einzelnen zu steigern scheint, mindert sie die Achtung. Die Fähigkeit zur Selbstdarstellung, die der Sekunda imponiert hatte, erhält für die Primaner einen kleinen Beigeschmack von Eitelkeit. Ich habe lange nachher mit Bedauern gehört, daß er bei zunehmendem Alter, wo die Fehler unverhüllter hervorzutreten pflegen, völlig unter durch gekommen sei, auch in seiner eigenen Klasse. Es gibt wohl nichts, wovor der Lehrer sich mehr zu hüten Ursache hat, als zu stark aufgetragene Freundlichkeit: sie wird immer mißverstanden und bald mißachtet.

Der vierte Lehrer war Herr Kirchhoff, Ordinarius der IV. Er hatte zu meiner Zeit den Religionsunterricht und das Englische in den oberen Klassen; später, nach meiner Zeit, übernahm er den griechischen Unterricht, wie er denn auch durch gelehrte Arbeiten aus dem Gebiet des griechischen Theaterwesens und der Musik hervorgetreten ist. Eine poetische Ader hat er in mehreren Dichtungen episch-erzählender Art betätigt. Für uns blieben diese Qualitäten unsichtbar; im Unterricht war er wenig wirksam; der Religionsunterricht bestand in anhaltendem, die ganze Stunde füllenden Diktieren eines Hefts, aus dem dann hin und wieder, nach vorher angesagter Repetition, eine schriftliche Prüfungsarbeit gemacht wurde. Der Einförmigkeit des Diktierens und Nachschreibens zu entgehen, wurden allerlei Künste und Listen aufgeboten; vor allem wurde Herrn Kirchhoffs Neigung zu politischen Expektorationen ausgebeutet. Es waren die Jahre, da die Neugestaltung Deutschlands unter Bismarck sich vollzog; die Herzogtümer standen dabei in erster Linie. Da wurde denn wohl vor der Stunde verabredet, daß dieser oder jener ihn wegen eines neuesten Ereignisses, einer politischen Rede, von der die Zeitung berichtete, interpellieren solle. Und es gelang regelmäßig; manche Stunde ist so der Dogmatik oder der Kirchengeschichte oder der Lehre Pauli durch eine Rede Beusts oder des Darmstädter Metz, die der Anhänger der Trias lebhaft bewunderte, entzogen worden. Am Schluß der Stunde sprach dann wohl der gutmütige Mann mit den tiefliegenden Augen sich selber einen Tadel für die versäumte Aufgabe aus, ließ es sich aber auch gefallen, daß ihm aus der Klasse die Meinung entgegengebracht wurde, daß die Stunde auf diese Weise viel interessanter und lehrreicher verwendet worden sei.

Und nun folgst du betrübteste Gestalt unter allen Lehrern, die ich jemals gehabt habe, armer Dr. Scharenberg, Mathematiker, Physiker und Geograph des Christianeums. Eine Figur von mittlerer Größe, stets tadellos mit schwarzem Rock, hohem, weißem Kragen und steifer Atlaskrawatte angetan, den Ausdruck hoffnungsloser Resignation auf dem blassen bartlosen Gesicht, so steht er vor meiner Erinnerung. Ich weiß nicht, wie es mit seinen wissenschaftlichen Fähigkeiten bestellt war, seine pädagogischen standen unter Null. Die Klasse in ihrer Gesamtheit kümmerte sich um seine Anwesenheit durchaus nicht, im günstigsten Fall waren es drei oder vier, die seinem Vortrag wenigstens gelegentlich zuhörten. Im übrigen trieb jeder, was er wollte: einige präparierten sich für die folgende Stunde oder erledigten eine versäumte schriftliche Arbeit, andere lasen einen Roman, die meisten plauderten und machten Unfug, oft mit einem Getöse, daß es auf der Straße muß zu hören gewesen sein. Wurde es gar zu arg, dann redete Dr. Scharenberg wohl einmal einen mit bittendem Ton in der Stimme an: Aber N., Sie sollten doch etwas aufmerksamer sein; worauf gar nicht selten eine freche Antwort erfolgte: Ich? Ich passe ja die ganze Stunde auf! Und wenn der Dr. dann zaghaft erwiderte: Aber ich sehe doch, daß Sie etwas anderes treiben, Sie sind ja gar nicht auf Ihrem Platz; dann wurde er unter dem Gelächter der Klasse berichtigt: Sie müssen sich täuschen, Herr Doktor; sehen Sie nach, ich bin hier auf meinem Platz und habe das Buch vor mir. Ein andermal, wenn er vor Lärm sein eigenes Wort nicht mehr hören konnte, hörte er wohl eine ganze Weile auf zu sprechen, blieb ganz still am Katheder oder an der Tafel stehen und sah mit unaussprechlich wehmütigem Blick in das tobende Meer der durcheinanderwogenden, sich balgenden und schreienden Sekunda. Veranlaßte endlich sein dauerndes Stillschweigen einen Moment der Ruhe, dann begann er mit leiser, zitternder Stimme den Faden seiner Demonstration wiederaufzunehmen, aber alsbald schlugen die Wellen aufs neue darüber zusammen. Ich kann jetzt nicht ohne Pein an diesen Blick vollendeter Hilflosigkeit denken, den wir damals ohne das mindeste Gefühl von Scham oder Mitleid auf uns gerichtet sahen.

Monsieur Demory, der Franzose, vollendet den Kreis meiner Lehrer. Er stand außerhalb des Lehrerkollegiums und liebte, das zu markieren: er war ein in der Stadt beliebter Privatlehrer und behandelte auch die Stunden im Gymnasium als zufällig erteilten Privatunterricht; er sprach in der Stunde französisch, das Deutsche war ihm sehr wenig geläufig, redete uns: Messieurs oder meine Erren an und kümmerte sich um die Disziplin und die Fortschritte seiner Schüler überhaupt nicht, nach der Maxime des Privatunterrichts: Sie zahlen, ich doziere, sehen Sie zu, was dabei für Sie herauskommt. Die Eitelkeit stand ihm auf dem Gesicht geschrieben; er liebte es, mit den fein gepflegten, zierlichen, beringten Händen seinen rötlich blonden, in langen Koteletten herabfallenden Bart zu streichen und mit süßlichem Lächeln, das die tadellosen Zähne sichtbar werden ließ, in echtem Pariser Ton (man fühlte den Wohlgeschmack, mit dem er die Phrasen über die Lippen gleiten ließ) Anekdoten zu erzählen. Sie haben uns nicht viel geschadet, denn die wenigsten hörten darauf, und die meisten wären wohl auch kaum imstande gewesen, zu folgen.

As Ünnerlehrer in Österraad (1870)

Heinrich Johannes Dehning

As wi in Albersdörp ankemen, füng dat al an to schummern, ik leet mien lütten Koffer bi Ramundt un befraag mi na den Weg na Oesterraad. Ik schull man liekut gaan bet 'n Krüzliet, da weer en hogen Barg, denn links üm un denn weller rechts üm un denn liekut un denn keem en Dörp, dat heet Jützbüttel, un dar müß ik mal weller fragen.

Dat weer dat eerste Mal, datt ik Maschkind den Weg oewer de Geest söken scholl un denn half in' Schummern. Ik pett also flink to, awer en Viertelstunn duur 't doch, bet de Krüzliet, wat en groot Hünengraff weer, in Sich keem. Awer Hüs weern dar ni, ik scholl links ümbögen, dar weern ok keen to seen, sowiet ik kiken konn. Nu weer ik doch son bäten bang, datt ik mi in disse Wüste verlopen de. Tämlich wiet liekut seeg ik en Huus. Ik stäwel darop los, mi to befragen, müß natürlich weller trüch un denn güng dat flott wider. Na 'n Viertelstünn keem weller en Huus, ik güng rin un froog na 'n Weg. De Lüd seten bi de Abendkost, Grütt un Melk un Botterbroot, do mark ik, datt ik bannig hungrig weer, ik harr geern mitäten, worr awer ni nödigt.

Se verteIln mi, datt se dat eerste Huus weern, wat na Oesterraad to School hör, är öllste Soen, Jörn, scholl ok oewermorrn sien eersten Schoolgang maken, wörr also mien Schöler. Se beteken mi nu genau den Weg, un na 'n gode half Stünn weer ik an mien Ziel, de Oesterraader School. Hier scholl ik nu wanen, wirken un sölm leern. Wo worr 't woll gaan? Wat scholln dat woll foer Lüd wän? Wo worrn se mi opnemen? Wat ik woll noch en bäten to äten kreeg? Ik weer banni hungri.

En Lerer weer foer mi en groten Mann; sien Fru weer noch meis meer, so weer ik dat in Dückermoel anworrn. Dat Hart füng weller an to puckern, as ik den Doerdrücker anfaat, üm intoträden. De eerste, de mi begröt, weer en lütten rugen Hund, denn worr de Stubendoer apenmaakt, ik worr inlaten un weer nu endlich to Städ. Fru Hansen haal mi en Taß Tee un en Teller voll Broot, awer oewer dat Hattkloppen weer mi de Hunger vergaan.

As ik en Ogenblick säten harr, keem noch en Jüngling ton Voerschien; he worr mi voerstellt as Hans Paulsen, Herr Hansen sien Neffen, de ok Lerer warrn woll, awer noch keen Städ harr un nu eersmal bi sinen Onkel en bäten mit hölpen scholl. Wi müssen tosamen slapen un scholln man to Bett gaan, ik weer gewiß möd.

Mien künftige Waanstuuf weer op 'n Boen, oever de School. In de een Eck stünn en lütten Kanonenaben, denn weer dar en Disch in, twe Stöl un en twesläperi Bett. Hans Paulsen sleep achter un ik voer. He weer wat driester as ik un füng nu an to fragen un to vertelln. Mien Mödigkeit geef sik, un ik kreeg an dissen Abend noch en genau Bild von de nie Welt, wo ik nu inträden weer. Toeers vertell he von sik sölm. He weer en Swestersoen von Herr Hansen. De Oellern wanen in Leck, wo se en lütte Gastweertschop harrn. Sien Vadder weer verlaamt, un so harr de Onkel em to sik namen, un he harr in Oesterraad merere Jaarn to School gaan. An sinen Scholort scholl he ni anstellt warrn, un söns harr sik noch niks funnen, so bleef he denn eersmal bi sinen Onkel un scholl sik inoewen.

Den annern Dag weern noch Ferien, un denn worr dat Leben loosgaan. De Kinner weern all in een Schoolstuuf, baben de groten un nerrn de lütten, wo wi uns Künst an utoewen scholln. Mi stünn dat son bäten voern Kopp, datt wi mit Herr Hansen tosamen in desölbe Klaß arbein scholln, awer dat leet sik jo ni ännern. En lütten Trost weer 't voer mi, as ik bald mark, datt Hans ni klöker weer as ik. Denn wörrt jo sach gaan.

An' annern Morrn stünnen wi rechtidig op un güngen hindaal na de Pump voer de Koekendoer, uns to waschen. Denn wies he mi den Kostall, wo dre smucke Kö un ebenso väl Jungbees in weern, denn den Swienstall mit en paar galige Farken, un denn den groten Schoolgaarn mit väl Obstböm. Un denn güngen wi weller rop na unse Stuuf, un he haal ut de Koek foer jeden en Taß Kaffi un en Teller voll opsmärt Botterbroot. So weer dat dar Mood.

Oewer Nacht harr de Hunger sik weller bi mi instellt, un mi hett dat selten so schön smeckt as an dissen Morrn. Mag wän, datt de Hunger dat ni alleen daan hett. Ik harr woll dat Geföl, datt ik op 'n gode Foderstäd kamen weer un datt ik ok fasten Grund ünner de Föt harr, üm mien Ziel totosträben. Domals dach ik awer, mien Wollbehagen keem von dat schöne Roggenbroot, wat Fru Hansen in ären Backaben in' Gaarn sölm backen de. Un dat mag jo ok de Haupgrund wän hebben; denn noch väle Jaarn later, as ik är Nawer weer un är mennimal besöcht heff, konn ik är ut volle Oevertügen foer 't Brootbacken noch ümmer en Nummer een toerkennen.

Voermiddaags besegen wi de Schooldöns un den Stünnenplaan. Eenli weer mi dat wat Nies, denn son Ding hüng in Dükkermoel ni in de School. Ik dach; Herr Clausen harr em woll so in' Kopp beholen konnt un dat Opschrieben ni nödi hatt. Hier weern wi awer jo ok dre Mann, un denn müch dat jo nödig wän.

Denn luur ik ümmer, Herr Hansen worr woll bald ropen un mi

Anwisen geben, wat ik mi foer den annern Dag utarbein scholl, in Fragen un Antworten, as ik dat wennt worrn weer, awer so wat passeer ni, toletzt froog ik em denn namiddaags, wat ik an' annern Dag in de School opstellen scholl. In de biblische Geschich scholl ik man mit de Schöpfung anfangen. Dat weer mien Instrukschoon. Von Utarbein in Fragen un Antwoorn worr ni snackt.

So harr ik also Tied un konn foorts en Breef na Huus schriwen. Hauptsächli betrock de sik op de eerste Middaagsmaaltied: Wiensupp mit Krinten un Rosinen in un denn Braatwuß un Kantüffeln. Dat weer en herrli Gerich wän, un mien Vadder vertell mi naher, na dissen Breef harr Mudder sik beruhigt, voerher harr se schulln, datt he sik so weni darüm bekümmert harr, wo de Onibus mit mi afbleef.

An' annern Morrn güng de Arbeit an. Tein Rekruten melln sik, fief Jungs un fief Deerns. De erste weer Jörn Suur, un dat weer keen Wunner, denn he harr den längsten Schoolweg. So worr he denn ok de boewerst; de toeers keem, maal toeers, awer he is dat to mien Tied ok bläwen in sinen Trupp, he weer'n lütten flidigen un aardigen Jung. De School fung mit Gesang un Gebett an, un denn höl Herr Hansen Religionstünn. Hans Paulsen un ik müssen nu seen, wo wi mit uns lütten Lüd trechworrn. Uter de Rekruten harrn wi noch een bet twe Jaargänge meer, in' gansen weern woll tachenti Kinner in de School. De grötern müssen wat afschriewen, wölke ut de Fibel un wölke ut' Geschichtsbook. Ik harr besonners mit de Lütten to doon, un do wi baben ni stören dörfen, so müß allns lisen afgaan. De eersten Daag konn ni väl darut warrn, de Rekruten scholln jo man eers dat Stillsitten leern. Eers trock ik an de lütt Wandtafel, de nerrn in de School hüng, en doppelte Lien un schreef en „i" darop, denn op är lütt Schiefertafel en Siet voll doppelte Linen un baben an ok en „i", un denn güng dat Namalen loos. Enige harrn sik al voerher en bäten inöwd, de meisten awer ni. Dar müß ik denn Griffel spitzen, Hand fören un wat dar all so tohört, üm är in Gang to krigen. Ok dat Lesenleern worr op disse stille Aart afmaakt. Dat müß hauptsächli bedräben warrn, wenn Herr Hansen baben unmittelbaren Uennerich harr. De Fibel geef den Leergang an, ik maal den Bookstawen an de Wandtafel, wi söchen em in de Fibel, ik sä den Namen voer, de Kinner sä'n em na. Wenn se em all kennen denen un em an annern Dag beholen harrn, so güng dat wider. Väl Künst in de Metode worrn ni maakt, jo, dat Woord kenn ik noch garni mal. Wisen, voerseggen, naseggen, ümmer weller, dat weer mien Kunst. So harr ik dat in Dückermoel hört un seen, un so bleef ik bi, un mien Prinzipal leet mi ruhi tofräden.

Do güng de Sorg un Befangenheit, de ik eers daroewer hatt harr, dat he mien Künst jo ümmer hören de, bald weg, un ik worr ganz ruhi un iwri in mien Amt un weer keen Ogenblick müßi, ok denn ni, wenn baben spraken worr un wi ünnen lisen wän müssen. Ik harr grote Freud an mien lütten Rekruten, datt se wider kemen un sett allns daran, se bald ton Lesen to bringen.

In de eerste Stünn, wenn baben Religion weer un ik är an de Wandtafel Bookstawen oder später Wör voerschräben un är, solang dat noch nödi, de Linen trocken harr, leet ik se all enkelt en Stück lesen. Naher, wenn ik dat Woord kreeg un se sik baben schriflich beschäftigen denen, kemen se denn ok in Chor an. So güng dat flott voerwarts, un Herr Hansen sä niks. Mien Fründ Hans Paulsen harr to desölwe Tied meistens den annern Jaargang, ik müch ok am leewsten bi de Lütten de Arbeit alleen doon.

Nu stünn op den Stünnenplan ok dat Woord „Anschauungsunterricht". Dar wüß ik niks mit optostellen, den Namen harr ik bi Herr Clausen ni hört. Do froog ik denn Herr Hansen, un he geef mi en Book, dar weern allerlei Gewerbe in beschräwen, ok mit Biller bi, de ik ni kennen de, so ton Bispill Glasmakeri, Sidenbu un ik weet ni wat all.

Dat scholl Anschauungsünnerrich wän, ik geef mi väl Mög, awer de Nutzen weer woll lütt, ik verstünn dar niks von un de de Kinner eers rech ni. Mit dat Book weer ik bald to Enn, von voern weller anfangen, düch mi, güng ni.

Ik besnack mi mit Hans Paulsen, wat dat woll güng, wenn ik mit de Kinner in den Anschauungsünnerich Dinger ut de School besprook, as Schiefertafel, Wandtafel, Finster, Doer un so wat. He meen, ik scholl dat man mal riskeern, wenn sien Onkel dat ni hebben woll, konn he dat jo seggen, he wüß ok ni, wat Anschauungsünnerrich weer. Bi Herr Clausen harr ik mit de Lütten ok jo Pär un Kö un Hünnen un Katten bespraken, awer ni son geleerden Kraam, as in dat Book stünn, un mi düch, wenn dat nu lücken woll mit Dinger ut de School un de Gnaad fünnen, denn konn ik dat jo naher ok mit Tiern un Böm, mit Gaarn, Stall, Blöm un wat' söns bi uns geef, mal wagen, un denn harr ik Stoff nog un konn dat ol Book an de Kant leggen. Un dat güng loos un güng good, Herr Hansen sä niks, un ik weer borgen un fünn mi af mit den „Anschauungsunterricht".

Ik höl darop, datt de Kinner sik gewönen müssen, jümmer in vollstännigen Satz to antwoorten un luut un dütli to spräken. Se müssen denn de Sätz enkeln un in' Chor wellerholen, müssen ok versöken, all de Sätz, de wi leert harrn, na de Reeg hertoseggen, un de öllern leet ik se ok op de Tafel schriwen. Herr Hansen leet mi wirtschaften as ik konn un woll. He sä niks.

Eenes Daags geef he mi en Packen Opsatzhefte ton Naseen. Dat weer mi intressant, ik harr noch keen darvon seen, ok in de School noch niks von Opsatzmaaken markt. Bi uns in Dückermoel weer dat mit de Haupsak wän, ik harr dat geern mücht un harr ok in de Sommerlanner School, as wi se in de Typhustied söß Wäken besöchen, un denn nössen in de Konfermandenstünn, wo wi uns gegensidig Stammbloed schenken, al markt, datt wi mit Schön- un Rechtschriwen woll baben an stünnen. Wo scholl dat woll in Oesterraad wän?

Ik güng also banni nischiri mit minen Paken de Trepp rop na minen Wimen, üm mi glieks an de Arbeit to maken. Do heff ik mi meis verfeert.

Oesterraad weer väl gröter as Dückermoel, dat Schoolhuus, de Schoolstuuw, de Schölertall, Herr Hansen gröter as Herr Clausen – un denn son Böker! Dat weern jo gar keen Opsätz na minen Begriff, meestendeels knapp een Siet lang, keen Spazium, barg Smärplackens un gruli väl Fälers. Mien Lust weer weg, ik müß se jo naseen un seeg se ok na, awer do worr Herr Clausen weller gröter as Herr Hansen!

Wat möch dar nu woll passeern, wenn de Kinner är Böker trüggkregen? Ik weer weller heel nischiri. Herr Hansen deel se enkelt ut, maak hier un da en bedenkli Gesich, knurr ok mal en bäten, sä awer niks. Von Uemschriwen, von Uemarbein hör ik niks. Wo harr dat woll in unse School hergaan! Herr Clausen weer en Füerfräter un harr de Smärböker de Smärlappens üm de Oorn slaan, in mien Gedanken worr he weller en paar Toll gröter.

Nu füng ik olmäli an, meer mit op den Uennerrich in de boewerst Klaß to achten, wat Nies geef dat dar eenlich ni foer mi, awer ümmerhin weer jo allns doch son Art Wellerholen foer mien Oorn, datt ik ni to väl vergäten de. Herr Hansen weer hellisch lidsam, väl Utschell geef dat ni, un Prügels ok ni, wenn dat in de Stünn, wo de Groten sik sölm mit Räken un Schriwen beschäftigen denen, ok en böses Gemurmel weer, awer he weer wat swaarhöri un sä niks. So konn' de Jungs ungefeer doon, wat se wolln.

Lehrerlehrling in Lübeck (1874)

Hans Calm

Welchen Beruf ich ergreifen würde, war mir ein Jahr vor dem Abgang von der Schule noch nicht klar, nur daß ich viel lernen wollte, stand bei mir fest. Wie aber und auf welchem Wege das zu erreichen war, wußten weder meine Eltern noch ich. „Werde Lehrer!" den Rat gab mir mein Lehrer Kothe, an dem ich mit großer Zuneigung hing.

Eine Lehrstelle war bald gefunden. „De olle Kühl", wie er genannt wurde, hatte vor dem Holstentor eine dreiklassige Schule, in der Knaben und Mädchen zusammen unterrichtet wurden. Er nahm mich als Lehrling an. Ostern 1874 sollte ich bei ihm eintreten. Mein alter Meister Waack wollte mich möglichst gut ausgerüstet dahinschicken, und deshalb durfte ich in der letzten Zeit in seiner fünften Klasse mithelfen, d. h., ich mußte den Abc-Schützen die Hand führen, mit ihnen rechnen und buchstabieren. Eine solche Auszeichnung war noch keinem seiner Schüler zuteil geworden, aber mir, der vier Jahre den ersten Platz in der ersten Klasse behauptet hatte, glaubte er wohl ein Mehr zutrauen zu können.

Kurz vor Neujahr kam mein Vater mit der Nachricht ins Haus: „Du salls gliek na Niejohr bi'n ollen Kühl anfang'n, een von sin Gesell'n is krank word'n, un nu brukt he di!" Widerrede der Kinder war bei meinem Vater nicht üblich. Wenn er etwas sagte, waren alle Gründe für und gegen erwogen. Das Resultat teilte er kurz und bündig mit, und die Sache war abgemacht.

Am Feste der Heiligen Drei Könige brachte mein Vater mich und meine Sachen hin. Eine alte Kommode mit der nötigsten Wäsche, den paar Kleidern und meinen Schulbüchern lud der Vater auf die Schubkarre und dann hieß es: „Nu föhr man to, ick gah ümmer vörrut!" An der St.-Lorenz-Schule trug mein Vater die Sachen mit ins Haus, und dann gingen wir beide in die Stube zum alten Kühl. Der qualmte aus einer langen Pfeife, lud meinen Vater ein sich zu setzen, und ließ mich an der Tür stehen mit der Mütze in den Händen.

„Ja, Herr Kühl", begann mein Vater, „ick bring Se nun hier den Jungen. Grot un stark is he. Apen Kopp hett he ok, nu sehn Se to, wie Se mit em farrig ward'n." Kühl warf einen verlorenen Blick zu mir hin und anwortete: „Dat will'n wi woll. Wat is dor veel to reden, ick denk, wi heb'n alln's afmakt. Dräg'n Se man de Saken up de Kamer, de ick Se wis'n will, un denn man to!"

Wir trugen die Kommode auf den Boden in einen Bretterverschlag. Das war die „Kammer". Mein Vater gab mir die Hand: „Na, Hannes, schick di god!" Die Zeremonie war zu Ende. Ein Händedruck mit dem alten Kühl, und mein Vater schob mit seiner leeren Karre wieder ab.

Kühl, mein nunmehriger Lehrmeister, muß wohl gedacht haben, so ein Junge gewöhnt sich am besten ein, wenn man ihn gleich an den Futtertrog setzt. Meine erste „Leistung" war Mittagessen, und die soll recht befriedigend ausgefallen sein. Als das Essen beendet war, setzte sich Kühl zu einem Nickerchen in sein Zimmer und empfahl mir: „Gah man up din Stuv un richt' di dor'n beten in!"

Das Haus, das mich für lange Zeit aufgenommen hatte, war ziemlich neu. Wenn man die breite Fackenburger Allee vom Holstentor herkommt, zweigt sich hinter dem Schützenhause eine kleine Sackgasse ab, in der nur wenige Häuser standen, die mit Bauwich gebaut waren. Das Schulhaus war das vorletzte auf der linken Seite, hinter ihm stand nur noch die Pastorwohnung.

Im Parterre lag links vom Eingang die erste Klasse, dahinter ein Zimmer, das mein Meister sich als Arbeitszimmer vorbehalten hatte. Auf der rechten Seite des Hausflurs kam zuerst die zweite Klasse und dann die dritte, die mein Reich werden sollte. Im ersten Stock war noch ein Klassenzimmer, in dem Frau Kühl den Handarbeitsunterricht für die Mädchen erteilte, die Küche und die Wohnräume. Eine Treppe höher war der Boden, auf dem sich unsere Kammer befand. Unsere! Denn diesen Raum, den die heutige Wohnungspflege als ungeeignet zum menschlichen Aufenthalt erklären würde, mußte ich mit dem Lehrergesellen Bernhöft teilen. An den beiden Langseiten stand ein Bett und davor ein Holzstuhl. Außerdem hatte Bernhöft, wie ich, eine Kommode, und in der Ekke befanden sich einige Nägel, an die man seine Kleider hängen konnte, ohne Sorge, daß die Holzwände abfärben würden. In einem Anfall von Größenwahn habe ich mir später ein Stück bunten Kattun verschafft und mir daraus einen Vorhang gemacht. Vorläufig war das nicht nötig, denn was ich hinzuhängen hatte, konnte durch das bißchen Staub nicht schlechter werden. Die große Herrlichkeit sollte erst kommen. Ich war noch nicht konfirmiert. Den Konfirmationsanzug und „'n durabeln Stratenantog för'n jungen Minschen" erhielt ich erst Ostern. Mein bißchen Kram war bald untergebracht, und dann wurde eine Inspektion der Umgebung vorgenommen. Auf dem kahlen Boden war nichts zu wollen, blieb nur noch das Fenster. Runterspringen, zwei Stockwerke, ging nicht. Erstens war's zu hoch und dann standen unten Rosenstöcke, die jetzt umgelegt waren. Von unten heraufklettern ging auch nicht. Ein Spalier war ebensowenig vorhanden als ein Baum. Aber ein Nachbarhaus war in der Nähe, gegebenenfalls konnte man sich ohne Aufwendung von Lungenkraft unterhalten. Jetzt freilich lag alles in tiefster Ruhe und eine starke Kälte herrschte. Einen Ofen hatte die Bude überhaupt nicht. „Vör den Gesell'n un den Lehrling ok nich nödig, de sünd jung un hebt sülbst noch Füer!" Was sollte ich tun? Lesen konnte ich nicht vor Zähneklappern, mich ins Bett zu legen, dazu fehlte mir die Courage. Was also? Ach watt, stick di man de Pip an! Also, ick sitt up 'n Holtstohl, klapper mit de Tän un trampel mit de Been. Da ruft eine Stimme: „Calm, kumm dal!" Ja, leicht gesagt, aber wohin mit der Pfeife? Das eingefrorene Fenster ging nicht auf. Das Waschbecken stand auf meiner Kommode, ein anderes Geschirr gab's nicht, also man rein ins Waschbecken mit Asche, Feuer und Tabaksrest und die heiße Holzpfeife in die Hosentasche.

Dann stand ich vor meinem Chef und Gebieter. „Kumm mit!" Wir gingen in sein Parterrezimmer. Es begann die Instruktion und – beängstigend, sehr beängstigend sogar! – in hochdeutscher Sprache. Ich habe bald herausbekommen, daß mein guter alter Kühl, wenn er gemütlich war, und das war er gern, plattdeutsch sprach, und nur wenn's dienstlich wurde, kam das Hochdeutsche an die Reihe.

Also die Instruktion für den Jungen, der eine Klasse allein unterrichten sollte: „Morgens um 7 Uhr bist du unten, dann gehst du in den Keller und machst Feuer an. Wir haben Zentralheizung für die Klassen, und da brauchen die keine Öfen. Dann gehst du in die Kirche und ziehst die Uhr auf, darauf trinkst du Kaffee, den meine Frau dir in die Klasse stellt. Morgen früh komme ich mit und zeige dir alles, und nachher machst du es allein. Der Unterricht ist so, wie du ihn bei Waack gehabt hast. Da, wo der andere aufgehört hat, fängst du wieder an. Paß man gut auf, dann wird's schon werden. Morgen früh ist Lesen, Schreiben mit Tinte und Tafelrechnen, beim letzten sind aber die Mädchen nicht mehr dabei, die gehen zu meiner Frau in die Handarbeitsstunde. In die Schreibhefte mußt du Linien ziehen und eine Reihe vorschreiben. Und dann paß auf, daß Tinte in den Fässern ist. Du darfst sie aber nicht vollgießen, immer nur soviel, wie den Tag gebraucht wird, denn sonst friert sie nachts ein. Hast du mich verstanden?"

„Jawohl, Herr Kühl!"

„Na, denn is gut! Nu kanns du 'n beten lesen. Dor staht Böker. Nimm di welk!" Das Dienstliche war zu Ende. Das bewies das Plattdeutsch.

„Klock veer krichst du Kaffee, un denn kanns du noch 'n beten wechgahn. Klock söben gifft dat Abendbrot, dat stellt min Fru in de tweete Klass' upt Pult."

Und mit einem Male fragte er: „Segg mal, Hannes, rokst du?" Das war nun eine Buffbaff-Frage. Was soll ein Junge darauf antworten? Ich kannte überhaupt keinen Jungen, der nicht rauchte, heimlich natürlich. Ich dachte wohl „man to" und sagte: „Ja, Herr Kühl, ich rauche viel."

„Lat dat leeber sin, min Fru mach dat nich un ick ok nich", und dabei qualmte er, als wenn ein kleiner Bäcker backt, und die Stube war voll Rauch. Nach einer Weile fing er wieder an:

„Wat rokst du?"

„Shag, Herr Kühl!"

„Du, de is so scharp un stinkt, dat rückt de Olsch. Lat dat sin, segg ick di blot!"

Bald brachte Frau Kühl den Kaffee, und dann konnte ich gehen. Aber wohin? In das Elternhaus? Da war ich nicht mehr zu Hause, und im neuen Kreise war ich es noch nicht. Um sieben Uhr war ich pflichtschuldig wieder da. Weil die Klassenzimmer noch nicht geheizt waren, stand mein Abendessen in Kühls Stube. Drei Scheiben Schwarzbrot, dünn geschnitten, mit sehr dünner Butter und noch dünnerem Belag, dazu ein Glas Braunbier. Davon konnte ich unmöglich satt werden. Im Elternhaus hatte es abends, wenn keine Bratkartoffeln auf den Tisch kamen, zwei dicke Scheiben Schwarzbrot gegeben, die auch nur dünn bestrichen und belegt waren, aber trockenes Brot, wenn wir Kinder noch Hunger hatten, gab es doch, soviel wir wollten. Wie oft habe ich im Lauf der Lehrlingszeit auf Mutter Kühl gescholten, daß sie mir zu wenig zu essen gab, und wie oft mußte ich dafür von meinem Vater den Trost hinnehmen: „Fresser werden nicht geboren, sondern gemacht."

Wenn ich mir aber heute überlege, wie die Kühls sich einrichten mußten, scheint das Gelingen fast unmöglich. Kühl hatte in seiner Schule etwa 200 Kinder und jedes zahlte vierteljährlich 3 Mark = 2400 Mark. Rechne ich dazu noch die paar hundert Mark vom Senat und eine kleine Entschädigung für seine Organisten- und Küsterdienste an der Lorenzkirche, so kamen höchstens 3000 Mark heraus. Davon mußten die Hypothekzinsen bezahlt und das Haus repariert werden. Seine alte Mutter lebte bei ihm, der Geselle mußte seinen Lohn bekommen. Eine Tochter war in Hamburg verheiratet, die alle Jahre einmal mit ihren Kindern zu Besuch kam, dem mit Sorge entgegengesehen wurde. Sein Sohn Gotthard wollte Kunstmaler werden (der später bekannte Professor Kühl in Dresden), das kostete viel Geld. Wenn nicht an allen

Ecken gespart wurde, war es unmöglich, Haushalt und Schulausgaben zu bestreiten. Ein Dienstmädchen konnte nicht gehalten werden. In die groben Arbeiten teilten sich Mutter und Frau.

Am selben Abend kam der Lehrergeselle Bernhöft aus den Ferien zurück. Er war ein stämmiger, junger Kerl, der etwa vier oder fünf Jahre älter sein mochte als ich.

Der erste Arbeitsmorgen brach an, das heißt, er brach noch lange nicht an, denn um 6½ Uhr ist es im Januar stockdunkel. Und bitterkalt war es. Das Wasser zum Waschen war mit einer Eiskruste bedeckt, die mußte eingedrückt werden, Seife von Hause mitzubringen hatte ich vergessen, und im Wasser lagen noch die Reste von Tabak und Asche, die ich gestern hineingeworfen hatte. Aber was half's: Wat mutt, dat mutt! Ich hatte mich so fein gemacht und eilte auf den Hausflur.

Gleich darauf kam Kühl, und wir stiegen in den Keller. „Nu paß up", fing er an, „jeden Abend legt min Mudder hier Spöhn un Holt rin, dat mußt du mit 'n Swebelsticken ansteeken, un wenn dat brennt, dann schüffelst du en poor Steenkahlen langsam up, un wenn de ersten dörchgläuht sind, so veel, wie ick di wies. Manchmal kümmt dat vör, dat dat nich recht brennt, denn mußt du sehen, wie du farrig warst, mehr Holt dörfst du aber nich nehmen, denn dat, wat dor liggt, mutt bitt to't Fröhjohr lang'n. – Na, nu man to! Vergitt aber jo nich, de Klapp optotrecken, denn wenn keen Tog is, kann dat nich brennen."

Als wenn ein gütiges Geschick mir das Leben leichtmachen wollte, kamen die Kohlen auf den ersten Versuch in Brand. Und wieviel Sorge und Ärger hat mir das Einheizen noch gemacht! Ich hatte nun einmal kein Geschick und auch keine Geduld dazu, und die steifgefrorenen Finger wollten auch nicht immer wie sie sollten. Wenn das Feuer so recht schön in Schwung war und die Kohlen daraufgelegt wurden, erstickte es, und ich konnte alles herausreißen und von vorne anfangen. Hatte ich zu wenig Kohlen aufgelegt, dann klapperten die Kinder mit den Zähnen; meinte ich es recht gut, so wurde die Hitze unerträglich oder es rauchte, besonders wenn der Wind auf den Schornstein drückte, und die ganze Schule hustete. Da schon damals Rauch und heiße Luft die Eigentümlichkeit hatten, nach oben zu steigen, bekam Frau Kühl in der Mädchenklasse das meiste. Konnte sie's vor Hitze, Kälte oder Rauch nicht aushalten, so stürmte sie die Treppe hinab in meine Klasse, und da sie eine energische Frau war, der's auf ein paar Verbalinjurien nicht ankam, ging's los: „Was haben Sie denn wieder für eine Schweinerei gemacht" – sie sagte „Sie", er sagte „du" zu mir – „die Kinder ersticken im Rauch" oder „die Mädchen können vor Kälte die Stricknadeln nicht halten“ oder „es ist eine Gemeinheit von Ihnen, wie Sie mit den teuren Kohlen umgehen, und soviel Holz haben wir noch nie verbraucht, na, ich bin neugierig, womit Sie Feuer anmachen, wenn es alle ist? – Was wollen Sie? Lehrer wollen Sie werden und sind zu dumm, richtig einzuheizen? Aus Ihnen wird Ihr Lebtag nichts!“ Krach, flog die Tür zu, wenn Vater Kühl nicht aus seiner Klasse dazukam und seinen Teil ihrer Herzensergießung in den Kauf nehmen mußte. Er kam nur selten, meistens war auch bei ihm Vorsicht der Tapferkeit bester Teil.

Bald kam ich dahinter, auf jeden Anschnauzer die Heizung die Antwort erteilen zu lassen. War erst Ungeschicklichkeit und Unkenntnis die Ursache aller Leiden, so war es bald kein Zufall bloß. Frau Kühl hat dann im dritten Winter den Kampf aufgegeben und das Feuer lieber durch ihre Schwiegermutter anmachen lassen. Dagegen hatte Herr Kühl nichts einzuwenden, mußte er aber selbst mal nach der Anlage sehen und erwischte er mich, so konnte ich mich auf einen mehr oder weniger gemurmelten Glückwunsch gefaßt machen: „Verdammter Sleef, kanns du nich mal na dat Füer kiken, paß up, du büs blot to fuhl“, oder „So ’n Bengel mit Knaken as een Os un kann nich inböten, aber paß up, ick will di woll wisen, wat dat heet, Lehrer ward’n!“

Am ersten Morgen war also das Feuermachen geglückt. Kühl holte die Kirchenschlüssel, und wir gingen über die Straße. Gleich zu Anfang des Kirchhofes lag die kleine Kirche, die jetzt leider umgebaut und vergrößert ist. Hinter der Orgel kletterten wir noch eine Stiege hoch. Mein Meister zeigte mir, wie der Schlüssel angesetzt werden mußte, um Uhr und Schlagwerk aufzuziehen und im Lauf zu halten. „Na, nu dreih to!“ Ja, das war leichter gesagt als getan. Meine Kräfte reichten nicht aus, das eingefrorene Fett zu drehen. „Man to, fester!“ Im Schweiße meines Angesichts und mit zusammengebissenen Zähnen gelang es. Auf diese Weise war ich wenigstens warm geworden, und das hatte sein Gutes. Kühl erklärte: „De Klock löppt bloß 26 Stunden. Du mußt also ümmer pünktlich hier sin, süns steiht se still un dat is fatal, weil wi denn nich weet, wie spät et is, un dat ganze Kirchspill richt sick na uns Klock.“

Ich wollte, ich hätte so viele Tausendmarkscheine, als später die Uhr durch meine Schuld falsch oder gar nicht gegangen ist! Wenn das am schwersten zu drehende Schlagwerk einmal nicht voll aufgezogen war, dann ging die Uhr wohl, aber sie hörte vor der Zeit auf zu schlagen. War das Gangwerk nicht bis zum Kettenende aufgezogen, so stand sie ganz still, und die Kinder hatten die beste Ausrede für das Zuspätkommen.

Für mich war es eine schwer zu lösende Doktorfrage, wie ich Gang- und Schlagwerk wieder in Übereinstimmung bringen sollte, wenn das letzte vor dem ersten abgelaufen war. Schließlich kam ich dahinter, daß das Schlagwerk vor dem Aufziehen alles Versäumte nachholen müßte. War das Schlagwerk abends um 11 Uhr stehen geblieben, dann gab es morgens halb acht ein niedliches Gebimmel, bis sie alles nachgeschlagen hatte. Wie oft habe ich dieser Uhr wegen die unglückliche Idee, Schulmeister werden zu wollen, verwünscht! Wie oft kam der Meister in meine Klasse: „Calm, de Klock sleit falsch!"

„Nee, Herr Kühl, hüt geiht se richtig!"

„Ach wat, eben hett se acht slagen un et is negen, ich hew genau tellt" oder „Minsch, de Klock is een, un se sleit twölf!" Beim Mittagessen gab die Alte noch ihren Segen dazu: „Nein, sieh nur, wie Calm wieder schlingt! Wenn er sich bloß ums Feuer und um die Uhr so annehmen wollte wie ums Essen!"

Ich habe lange Zeit das vernünftigere Teil gewählt und mich ans Essen gehalten, ohne mit Antworten kostbare Zeit zu verlieren, denn was ich nicht bekam, holte Bernhöft, der auch eine „gute Klinge" schlug. Aber als es mir einmal doch zu dumm wurde, bekam die Alte die Antwort: „Fru Kühl, wenn dat Eten so lang dur as min Arbeit, denn let ick mi dorbi ok Tid!" Es ging mit der Uhr ungefähr so wie mit der Zentralheizung: Kühls wurden mit der Zeit ruhiger und fügten sich in meine Dummheit. Aber auch hier war's bald nicht mehr die Dummheit. War ich nicht satt geworden, hatten mich die Alten zu sehr abgekanzelt, dann ließ ich meine Wut an der Uhr aus. Sie war mir mit der Zeit ein guter Freund geworden, dessen Nücken und Tücken ich genau kannte. Und unser ganzes Kirchspiel kannte mich und Kühl. Da war es denn kein Wunder, wenn ich von irgendeinem Vater zu hören bekam: „Na, Hannes, hüt harrst du di wull wedder mit'n oll'n Kühl vertörnt?"

„Ick, warüm denn?"

„Ja, ick hew glik to min Fru seggt, mit Kühl un Hannes is wat los, as hüt meddag um een de Klock twölf slög." . . .

Ich habe durch die Uhr nur eine Menschengattung zu Freunden gehabt, das waren die Dienstmädchen. Damals wurde noch jedes rechtschaffende Bürgerhaus um 10 Uhr geschlossen und den Dienstmädchen regnete ein Donnerwetter auf den Kopf, wenn sie nicht auf den Glockenschlag im Hause waren. Aber auch sie hatten bald heraus, daß die Uhr ein Abbild meiner Gemütsstimmung war, und sie profitierten davon auf ihre Weise.

„Hannes, min Brüdigam kümmt morgen abend, lat de oll Klock 'n beten vernünftig gahn!"

„Wat geiht mi din Brüdigam an?"
„Ach si doch nich so, du krichst ok 'n feinet Botterbrot!"
Nee, Eten hew ick nog. Blot wenn du mi 'n Kuß gifst, un – wenn dat din Brüdigam nich paßt, denn geiht de Klock vör!"
„Na, denn kumm her, mußt aber nicks vertelln!"
„Nee, ick vertell nicks, holl du man de Snut!"
Wie manchen Abend habe ich mich die Straße herauf „durchgeküßt", allen Mädchen versprochen, was sie hören wollten und ihre Butterbrote gegessen. Das ist heute in der Zeit der elektrischen Uhren und wo jedes Dienstmädchen eine goldene Uhr haben muß, nicht mehr denkbar! –

Das Feuer brannte, die Uhr war aufgezogen. Mutter Kühl hatte eine Tasse Kaffee und eine Semmel in die Klasse gestellt. Nach und nach traten die Schüler ein, die mich anstarrten. Es schlug acht Uhr, alle nahmen ihre Plätze ein. Erste Stunde: Lesen.

„Nun, Kinder, schlagt mal eure Fibeln und Lesebücher auf, ich möchte hören, was ihr könnt." Einige saßen schon zwei Jahre in der Klasse und hatten den Kampf noch nicht überstanden, der so schön lautete: Apfelbaum – A, Esel – E, Igel – I, Ofen – O, Uhu – U. Schulen für schwachbegabte Kinder gab es noch nicht. Es genügte, wenn konstatiert wurde: „he hett'n swerbehöllern Kopp." Einen gemeinsamen Unterricht gab es nicht und konnte es nicht geben. Jeder las laut da weiter, wo er in der letzten Stunde aufgehört hatte. Es war ein nervenzerrüttender Radau! Zum Glück waren, wenigstens für meine Kreise, die Nerven noch unbekannte Dinger. Wenn die Kinder zu gute Lungen mitgebracht hatten, schrie der Lehrer: „Na, man nicht so laut!" Und meistens half das für eine Weile. Der Lehrer ging durch die Reihen und jeder, zu dem er sich hinabbeugte, las laut vor. Die Schwächsten saßen vorne an, die buchstabierten, die Besseren lasen silbenweise und die Besten wortweise. In den ersten Reihen saßen die Jungen, dahinter die Mädchen, und das war gut so. Die Bengels konnten den Mädchen nicht die Zöpfe ziehen. Im ganzen waren es 60–70. Die Stunden dauerten noch 60 Minuten, mit Ausnahme der zweiten, die nur 45 Minuten hatte, weil um 9 Uhr eine Pause von 15 Minuten fürs Frühstück war.

Das Zuspätkommen ärgerte mich. Wenn mein Elternhaus mir nichts weiter mitgegeben hatte, eine unbedingte Pünktlichkeit hatte ich gelernt. Ich gebot Ruhe und erließ meinen ersten Ukas: „Wer zu spät kommt, bleibt an der Wand stehen, bis die Stunde aus ist!" Als wir etwas vertrauter geworden waren, antwortete mir ein kleines Mädchen: „Herr Lehrer, min Vadder hett keen Klock."

„Du hörst doch, – wenn die Kirchenuhr schlägt!"

„Min Vadder seggt, wenn soveel Snee up'n Torn liggt, könt wi dat nich hören." – Aha! Also wenn hoher Schnee auf dem Dache lag, war der ein Schalldämpfer. Darauf mußte Rücksicht genommen werden. Später lernte ich noch die Windrichtung in Betracht ziehen. Bei Westwind ging der Schall nach Osten. Die Kinder, die im Westen wohnten, hatten eine stichhaltige Entschuldigung. Wie's mit denen aus Norden und Süden gehalten wurde, weiß ich nicht mehr.

Die zweite Stunde war Schreibunterricht. So einfach, wie das heute beim Schreib-Lese-Unterricht gemacht wird, ging das damals noch nicht. Ein Teil der Kinder schrieb noch mit dem Griffel auf die Tafel, ein anderer mit Tinte ins Heft. „He oder se is bi't Schriewen in't Bok kamen", hieß es. Tafel und Hefte hatten keine Doppellinien wie heute, die mußte ich erst ziehen, und dazu noch schräge Linien. Von dem Punkt links oben, wo die waagerechte und senkrechte Linie eines Blattes zusammenstößt, wurde ein rechtwinkliges ungleichschenkliges Dreieck gebildet, dessen Hypothenuse war die Linie, die ich zu machen hatte, und der parallel mit einem Lineal über die ganze Seite, Strich für Strich mit fingerbreitem Abstand. Zwischen einer Doppellinie und der nächsten blieb wieder ein fingerbreiter Raum, und auf den schrägen Linien wurden die ersten Schreibversuche gemacht. Das Kind zog meine Bleistiftstriche dick mit Tinte nach, um so den Grundstrich zu üben. Dann wurden zwei Grundstriche durch einen Haarstrich verbunden, der von links unten nach rechts oben ging. Hieraus entwickelten sich langsam i, n, u, m, e, o, a. War das zwischen den weiten Linien gelungen, so wurde das gleiche Kunststück zwischen den engen probiert. Ich hatte außer der Schulzeit für alle Kinder, die das Heft benutzten, nicht nur die Linien zu ziehen, sondern auch die erste Zeile schön vorzuschreiben. War den Kindern das kleine und große Alphabet geläufig und es sollte z. B. das große A und B geübt werden, dann schrieb ich vor: Aller Anfang ist schwer, auf die erste – Bösen Buben folge nicht, auf die zweite Seite. Waren 60 Kinder da, die mit Tinte schrieben, dann hatte ich für Kind und Stunde, zwei Seiten gerechnet, 120 Seiten mit dreifachen Linien zu versehen und jeden der beiden eben genannten Sätze sechzigmal zu schreiben. Wenn man sich ausrechnet, welch eine Zeit diese stumpfsinnige Arbeit erforderte, dann kann man die Qual ermessen, die ein geistig reger Mensch dabei ausstehen mußte! Als ich eine Zeitlang zwei Klassen zugleich unterrichtete, führte ich es ein, daß die zweite Klasse sich die Linien selbst ziehen mußte. Und als einmal bei einem Besuch in der Klasse mein

Meister die Neuerung sah, war er sehr ungehalten und meinte: „Du makst ok, wat du wullt!“ „Nein, Herr Kühl“, war meine Antwort, „ich mach' es so, wie ich es bei Herrn Waack gehabt habe.“ Gegen die Autorität der Schule, die ich selbst besucht hatte, war wohl nichts zu sagen, und so blieb es dabei.

Schlecht bekommen sind mir zwei Neuerungen, die ich einführen wollte. Als im nächsten Jahr meine Kinder nach meiner Meinung genug vorgeschritten waren, schrieb ich nicht mehr vor und ließ die armen Würmer nicht mehr zehnmal geistlos „Aller Anfang ist schwer“ heruntermalen, sondern verlangte, daß sie aus der Fibel oder aus dem Lesebuch kleine Geschichten abschreiben sollten. Die Kinder taten das mit Vergnügen. Aber verschwiegen konnte es nicht bleiben. Kühl stellte mich:

„Hör mal, Calm, ick weet, du meenst dat got mit de Kinner, aber dat paßt sick nick. Afschrieben ut'n Lesebok dot se in de tweete Klass' un nich in de drütte. Also lat dat sin!“

„Ja, Herr Kühl, aber die Kinder tun das lieber, und da ich einmal angefangen habe, kann ich doch nicht mehr zurück.“ „Ach wat, Bernhöft hät seggt, du nimmst em all's weg, un dat geiht nich! Also du lötst dat!“

Natürlich ließ ich es nicht. Es war schon damals so wie heute, wenn ich etwas für richtig und gut erkannt hatte, nützte das Reden anderer nicht mehr.

Später gab ich auch in der zweiten Klasse Schreibunterricht. Ich glaubte die kleine Gesellschaft so weit zu haben, daß sie gut auswendig buchstabieren konnte, deshalb begann ich mit dem Diktat. Kühl, der selbst in der ersten Klasse unterrichtete, hatte wenig Zeit, uns zu beaufsichtigen. Es genügte ihm, wenn er seine Klassentür öffnete und hörte, daß gearbeitet wurde. Bei einer solchen Gelegenheit hatte er mein langsames Vorsprechen gehört und kam in die Klasse. Er blieb eine Weile verwundert in der Tür stehen und fragte dann: „Wat makst du? Diktierst du?“

„Ja, Herr Kühl.“

„Dat gehört in de erste Klass' un nich in de tweete!“

„Aber meine Kinder können das schon.“

„So?“ Damit ging er durch die Reihen und erwischte ein Unglückswurm, das Vater mit F geschrieben hatte. Sein Triumph war groß: „So, se könnt dat all, un de Jung schriwt Vater mit F?“

„Wenn er das getan hat, laß ich ihn zehnmal Vater richtig schreiben!“

„Dat is mi ganz egal, du salls maken, wat ick will, un nich wat du wist!“ Er knallte wütend die Tür zu und ging in seine Klasse.

Ich blieb auch diesmal bei meinem Willen und konnte das, weil ich den stärksten, weil zahlenden Verbündeten hatte, die Eltern, die sagten: „De Kinner lehrt wat bi em!"

Die dritte Stunde war der Rechenkunst gewidmet. Die Mädchen gingen zu ihrer Handarbeit nach oben, und ich blieb mit den Jungen allein. Die Rechenstunde wurde gehandhabt, wie ich es in meinen eigenen Schuljahren kennengelernt hatte. Wohl waren bei den vier Spezies die ersten Übungen gemeinsam, wenn aber die Kinder so weit waren, daß sie die ersten Aufgaben des Rechenbuches von 1 + 1 = 2 allein machen konnten, dann rechnete jedes auf seine eigene Faust weiter. War die Tafel vollgeschrieben, so wurde der Finger hochgehalten, zum Zeichen, daß ich kommen sollte, ebenso, wenn das Kind meiner Hilfe bedurfte. Auf diese Weise kam es, daß der Lehrer von den fleißigen und begabten Kindern fortdauernd in Anspruch genommen, sich um die schwachen wenig kümmern konnte. Aber das schadete auch nicht viel, denn bei einer dreiklassigen Schule fiel es nicht auf, wenn ein Kind zwei, auch drei Jahre in der dritten Klasse sitzen blieb.

Als die Uhr elf schlug, gingen die Kinder nach Hause, und ich stand da, ohne zu wissen, was nun zu machen sei. Mein Kollege Bernhöft war einer von den Menschen, die immer unendlich viel zu tun haben und nie fertig werden. Er gab mir auf meine Fragen nur knappe Antworten. Ich ging auf den Hof und stopfte mir meine Pfeife. Nicht lange darauf steckte Kühl seinen Kopf durch die Hoftür:

„Na, wie is es gahn?"

„O, ganz gut!"

„So, na, denn man so weiter! Ich segg di aber, loet dat Roken sin! Arbeit leber!"

„Ja, was soll ich arbeiten?"

„Dat ward sik woll finden!"

Mit dem Glockenschlag 12 Uhr wurde gegessen. Wenn Frau Kühl während ihres Handarbeitsunterrichts in die Küche lief, um nach dem Essen zu sehen, oder eines der größeren Mädchen dazu abkommandierte, so war daran nichts Auffälliges. Das Gebet vor und nach Tische war stumm. Eine bequeme Anordnung für den, der nicht beten mochte, aber doch so tun konnte. Während des Essens wurde gar nicht oder doch nur das Notwendigste gesprochen. In allen Bürgerfamilien damaliger Zeit herrschte die Sitte, zwischen den Tischgebeten möglichst nicht zu reden.

Um zwei Uhr begann wieder der Unterricht. Abgesehen von den kleinen Abwechslungen, die Dummheit oder Klugheit, kindliche Sorge und jugendliche Fröhlichkeit brachten, war es immer dasselbe.

Auf der Kieler Gelehrtenschule (um 1875)

Geert Seelig

Es war weiter kein Wunder, daß ich aus solcher Welt heraus viel in die Schule mitbrachte, was andere nicht kannten und wußten. Schule und Haus standen sich dermalen noch ganz anders gegenüber wie heute. Von einem bewußten Zusammenarbeiten war nicht die Rede. Die Schule stellte eine bestimmte Reihe von Anforderungen, deren Erfüllung rücksichtslos durch das Bürgerleben wie eine Dampfwalze ging, was aber neben oder außerhalb ihrer Bahn geschah, war ihr gänzlich gleichgültig. Dagegen kannte sie früher überhaupt und in meiner Jugend wenigstens anfänglich nicht die starre Orthodoxie des Staatszwecks und den aus der Staatsgewalt hergeleiteten Anspruch, daß das bürgerliche Leben so gut wie die Familie sich der Schule überall unterordnen müsse. Die sinnlose Erscheinung, daß eine ganze Familie geradezu leidet unter irgend einer Schulverordnung oder daß Tag für Tag das Familienleben in irgend einer Beziehung gestört wird, weil ein Schulmeister eine bestimmte Idee sinn- und mitleidlos, aber mit Staatsmacht ausgestattet verfolgt, gab es bei uns nicht. Es ging, obgleich es noch tüchtig Haue gab, im allgemeinen viel gemütlicher zu, und die Schule begleitete, sicher noch aus ihrem kirchlichen Ursprung heraus, das bürgerliche Leben mit einem gewissen teilnehmenden Verständnis, das ihr heute trotz aller Redensarten vom Zusammenarbeiten mit dem Elternhaus leider so oft gänzlich fehlt.

So gab es früher Ferien nicht nur, wenn Markt war, sondern die Klasse erhielt auch frei, wenn Hagge Holz bekam – eine Deputatlieferung aus Bordesholm, weil die Kieler Gelehrten-Schule mit den Mitteln des aufgehobenen Bordesholmer Klosters ausgestattet war – oder wenn Fack die erste Gans aß. Wenn ein besonderer Geburtstag im Hause war, wenn mein Vater auf einige Wochen nach Berlin reiste, wenn vielleicht nur am Sommernachmittag ein Ausflug im Stuhlwagen nach Rastorf gemacht werden sollte, konnte ich ruhig um einige Stunden schulfrei bitten. Dagegen kannte die alte Schule keine individuelle Behandlung und daraufhin gemachte Ausnahmen. Schüler war Schüler, und jeder mochte nach seinen Fähigkeiten und Kräften sehen, wie er mit dem, was verlangt ward, fertig wurde. Gelang es ihm nicht, dann blieb er eben sitzen oder wurde hinaus getan, und dann war die Sache auch gut. Ich erinnere auch eigentlich nie, daß irgend ein Schüler zu einem Lehrer, sei es im Guten oder Bösen, in ein persönliches Verhältnis getreten ist. Wir saßen unsere Stunden ab, paßten mehr oder minder gut auf und machten unsere Arbeiten oder auch nicht, und dann zeigte sich alle Quartal beim Zeugnis, wie die Sache ausgefallen war.

Ich kann daher auch gar nichts dazu sagen, ob ich gern oder ungern zur Schule gegangen bin, ich faßte, als ich einmal durch den Eintritt in die Dorfschule in das Räderwerk geraten war, die Schule als ein unvermeidliches Etwas auf, das überstanden werden mußte, paßte mich mit meinen Neigungen und Liebhabereien ohne sonderliche Mühe und allzuviel Arbeit gut in den Betrieb hinein, hoffte unabänderlich an jedem letzten Ferientag, daß das Gymnasium vielleicht abgebrannt oder wenigstens unter Wasser sei, was ich 1872 ja zu meiner größten Genugtuung 14 Tage lang erlebt hatte, oder daß vielleicht der Klassenlehrer tot oder krank wäre, und war froh, als ich im Februar 1882 einigermaßen unbeschädigt aus dem Räderwerk glücklich heraus kam. Und trotzdem muß ich sagen, daß ich der Kieler Gelehrtenschule und ihren Lehrern sehr viel Gutes verdanke. Einmal habe ich doch in den zehn Jahren meines Schullebens wirklich viel Positives, Brauchbares dort gelernt. Man hat mir die Fähigkeit, mich in Fremdes hinein zu finden und zu denken beigebracht, und dann ließ uns die Schule, wenn wir uns mit den Äußerlichkeiten abfanden, eine große Freiheit. In keiner Weise wurde Gesinnung oder dergleichen gezüchtet, in unseren Neigungen und Anlagen wurden wir, wenn auch vielleicht oft nicht gefördert, so doch wenigstens nicht behindert, und vor allem herrschte auf der Schule, vielfach allerdings noch sichtbar in dem Kleide des alten Pennalismus, eine wahrhaft anständige und ehrenhafte Gesinnung, die in den Mitschülern nur Gleichgeordnete erblickte, sich vom Rang und Stand der Eltern nicht imponieren ließ, den Jungen auf die Haut sah und alles Lakaientum und alle Liebedienerei gegen Lehrer und Kameraden kräftigst verabscheute. Auch war die Schule keine gouvernantenhafte Anstandsbetätigung, die sich etwa quer vor jugendliche Kraftleistungen jeder Art gelegt hätte. Was die ziemlich locker und mit bequemem Verständnis gehandhabte Disziplin der Schule nicht allzu arg störte, darüber wurde väterlich hinweggesehen.

Der Geist der Schule war ganz und gar auf das klassische Wesen abgestellt. Latein und Griechisch war alles, der deutsche Aufsatz litt darunter, um die Mathematik war es jahrelang miserabel bestellt, Geschichte ward einseitig mit vielem klassischen Detail gelehrt und mit einem Ballast von Tausenden von Zahlen und Daten belastet. Der Religionsunterricht appellierte ausschließlich an positive Kenntnisse, Gedächtnis und Verstand; Gemüt war ausgeschaltet, und später brachte der Lehrer eine Fülle von kirchen- und dogmengeschichtlichen Einzelheiten. Alles übrige wurde in einem Betrieb erledigt, der leider häufig nur der Vorschrift, aber nicht der Sache Genüge tat. Wir wurden behandelt, als ob jeder einzelne dermaleinst ein klassischer Philologe werden wollte. Herodot und Xenophon wurden nur danach gewürdigt, daß sie eine leichtere Lektüre waren als Thucydides. Als ich an den Homer kam, fand ich nicht meine alten Freunde, nicht war da

„der Atem der Götter
Und der leuchtende Menschenfrühling
Und der blühende Himmel von Hellas!“,

sondern es blieb nichts wie eine Anzahl von Menschen, die zweimal die Woche in mit manchen prosodischen Merkwürdigkeiten gespickten Hexametern ein anderes Griechisch sprachen als das, das wir in den Grammatikstunden erlernten und die sich namentlich durch den besonderen Gebrauch des Aorist mit ἄν auszeichneten. Daß Cäsar uns den ersten Blick in unser Vaterland tun ließ, was Tacitus für deutsche Geschichts- und Sittenschilderung bedeutet, davon kein zu Herzen gehendes Wort. Cicero und immer wieder Cicero, daß ich bis heute ihn immer nur als den glatten, zitaten- und wissensbeglückten ruhmredigen Vielschreiber empfinde. Von einer Horazischen Ode sagte uns der Lehrer, nebenbei ein berufener Horazkenner und obendrein Privatdozent, das fänden nun manche Menschen schön, er könne nichts Besonderes darin sehen. Im Lateinischen wurden wir aber wirklich firm und sicher, und ich konnte als Primaner viel leichter und besser einen lateinischen Aufsatz schreiben als einen deutschen. Um gerecht zu sein, muß ich aber bekennen, daß die alte holsteinische Lehrmethode, deren Absterben wir erlebten, damals gerade gebrochen wurde durch eine neue, für die gesamte Monarchie festgestellte mit bestimmten Zielen, und dadurch eine gewisse Seelenlosigkeit in den Unterricht hinein getragen wurde. Der alte schleswig-holsteinische Rektor, Konrektor, Subrektor und Kollaborator verschwand und der Direktor als Vorgesetzter und die königlich preußischen Oberlehrer mit dem respektiven Dienstalter rückten an diese Stelle.

Aber ich würde Unrecht tun, wenn ich nicht zunächst zweier Lehrer dankbar gedächte, allerdings zweier handgreiflichen Gegensätze und, soviel ich weiß, auch im Kollegium grundsätzlicher Gegner. Der erste war mein Direktor Niemeyer, ein Preuße und nach Kiel geschickt, um die Anstalt auf den Normalfuß zu bringen, aber ein vollblütiger und warmfühlender Mensch, der seine Schüler wirklich mit Liebe behandelte und in seinem Unterricht, wo vorgeschriebene Methode und gesteckte Ziele es zuließen, uns doch manchmal ahnen ließ, daß in unserem lateinischen Texte noch etwas anderes steckte als Vokabeln, bestimmte grammatikalische Phrasen und ein schwer heraus zu klaubender Wortsinn. Ich glaube nicht, daß er, der Sproß einer alten Pädagogenfamilie, ein besonders überreiches Wissen hatte, aber was er wußte, verstand er uns Jungen in einer Art klar, zugänglich und lebendig zu machen, die alles andere an Lehrtätigkeit auf der Schule weit in den Schatten stellte. Was er aus seinem Geist uns mitteilen wollte, mußte eben erst sein warm schlagendes Herz passieren. Sein Glanzpunkt waren seine Abschiedsreden an die Abiturienten. Wenn er, ein geborener Redner, mit stark markierten Zügen, von reckenhafter Gestalt am Schluß der üblichen Schulfeier das Podium bestieg, dann ging immer ein Aufatmen der Erwartung durch die Versammelten, Schüler wie Eltern, und aller Augen hingen an seinem Munde, dem in markiger, nachdrücklicher Weihe die letzten Worte des Lehrers an seine Primaner entquollen. Auf Wort und Klang kann ich ihn heute noch nachahmen, wenn er dann mit seinen großen blauen, herrischen Augen die im feierlichen Frack dastehenden muli starr und nachdrücklich ansah und ihnen die Worte seines Paul Gerhard zurief:

Der Wolken, Luft und Winden
Gab Wege, Lauf und Bahn,
Der wird auch Wege finden,
Da Dein Fuß gehen kann!

Wenn wir vor Niemeyer Respekt hatten, so hatten wir vor Karl Jansen geradezu Angst. Der dürre, mittelgroße Mann mit glattrasiertem, scharf markiertem Gesicht und Brille und dem einst roten – daher er unabänderlich „der Rote" hieß –, nun längst in Dienst und Pflicht ergrautem Haupthaar, in blank gewordenem schwarzen Anzug, mit Vatermörder und schwarzer hoher Halsbinde, betrat mit einer genau bemessenen Anzahl von Schritten das Katheder, nahm mit mathematischer Stetigkeit der Bewegung sein Notizbuch aus der Tasche, prüfte mit fest abgezirkelter Miene seine Notizen, schob die Hände unter die Rockschöße und frug den, der nach seinen Aufzeichnungen heute das erste Opfer sein sollte, alles einen Schultag ebenso wie den andern, Jahr für Jahr hindurch. Nicht ein Stäubchen hat sich in den vier Jahren, die er mich unterrichtet hat, geändert, alles, aber auch alles konnte man im voraus abrechnen. Jansen verlangte viel, war pedantisch, unerbittlich und setzte es durch, daß seine Klasse genau das lernte, was er zum Ziele gesetzt hatte. Er wußte alles, sein Gehirn war ein großer Apothekerladen, in dem in Schubladen jedes Wissensrezept schon fertig lag. Wenn es soweit war, zog er die Schublade heraus und trichterte dem Unglücklichen die richtige Mischung ein. Aber kein Wort nebenher, kein Scherz, kein Lächeln oder Lachen, kein Schritt vom Wege, kein aufmunterndes Wort; nur beim Versagen ein geheimnisvolles Zeichen in sein Protokoll und ein vernichtendes: Oha! Er strafte eigentlich nie, dazu waren wir auch schon zu groß, aber er zwang uns, zwang uns, daß wir da saßen wie eine stumme Sklavenschar und ochsten und aufpaßten.

Ich weiß nicht, was eigentlich gefährlicher war: Latein, Geschichte, Geographie oder Französisch! Für das letztere hatte er sich eine Grammatik nach Art der lateinischen zusammengestellt, die er diktierte, alles nebenbei in einem unvertilgbaren holsteinischen Dialekt. Auf meinem Totenbett werde ich noch genau wissen, daß männlich sind die -ge, aber weiblich -age, -rage, -cage, -plage, -nage und -image, und ebenso die -ache, -eche, -iche, -oche, -uche. Nicht minder, daß poisson sans boisson est poison. Und dann die Fragen aus den unregelmäßigen Verben! Drei Stück wurden vorgelegt, und wenn man davon eine verfehlte, wurde diese Fragerei – wohlverstanden nach Schulschluß – Tag für Tag solange fortgesetzt, bis man an einem Glücksmittag einmal alle drei Kompliziertheiten erwischte.

Einmal hat er mich im Französischen schändlich gehascht. Im Juni 1879 kam die Kunde, daß Lulu von den Zulus erschlagen sei. Jansen diktierte sofort ein Extemporale: Der Prinz Napoleon ist gestorben. Le prince Napoleon est moru, schrieb ich getrost und lieferte stolz das Schriftstück ab. Nach acht Tagen Rückgabe der Arbeiten. „Ich diktiere: Der Prinz Napoleon ist gestorben. Seelig schreibt: Der Prinz Napoleon ist ein Stockfisch. La morue – Der Stockfisch!"

Die Vorzüge Ciceros als Mensch, Schriftsteller und Stilist in der Lateinstunde hätten Bände füllen können, und Heine hat sicher Recht mit der Bemerkung, daß die Römer wohl keine Zeit gehabt hätten, die ganze Welt zu erobern, wenn sie erst Latein hätten lernen müssen, wenigstens bei Jansen.

Das Schlimmste war aber für die Masse die Geschichtsstunde! Für mich, dank meiner Liebhaberei und dank meiner eifrigst gepflegten Münzsammlung allerdings nicht. Jansen hatte in einem gedruckten: „Abriß der Weltgeschichte", der auf dem Gymnasium als Lehrbuch eingeführt war, alles denkbare, was irgendwo vor-, nach- und nebeneinander passiert war, in einer unglaublich kurzen und mit allen nur erreichbaren Zitaten, Anspielungen und Vergleichen vollgestopften Sprache und einem mit Tausenden von Jahreszahlen und Daten ausgestatteten Text zusammengestellt. Dies Buch mußten wir mit weißem Papier durchschießen lassen, um im Unterricht die nun noch besonders diktierten Bemerkungen und Würzen nachtragen zu können, und das alles lernten wir dann auswendig. Selbst die klassischen Kürzen, wie: „die Griechen, quick wie die Welle, auf der sie lebten!“, oder: „Themistokles, ein junges Füllen von kecker Wagelust, das der Ruhm des Miltiades nicht schlafen ließ“, oder: „Karl II. von Spanien, auch später schwach und geleitet“, vermochten dem versammelten Kriegsvolk der Prima kein Lächeln mehr abzugewinnen, wenn die großen Quartalsrepetitionen waren, und bei jeder ausgebliebenen Antwort die Noten wie Beilhiebe in das Notizbuch sausten.

Und doch war das alles bei Jansen nur verunglückte Methode, nur Maske! Der Mann opferte sich für seine Schüler und sein Amt. Er war ein schleswig-holsteinischer Patriot von lauterster Gesinnung, Mitkämpfer von 1848/51; ihm verdankte die Literatur eine klassische Darstellung des Lebens des ersten schleswig-holsteinischen Erweckers und Dulders, Uwe Jens Lornsen, die die Universität Kiel übrigens 1876 bei Gelegenheit der Einweihung des neuen Universitätsgebäudes durch Verleihung des philosophischen Ehrendoktors anerkannte, er widerlegte später die Erzählung des Herzogs Ernst von Koburg, als dieser in seinen Lebenserinnerungen sich für den wahren Sieger in der Seeschlacht von Eckernförde am Gründonnerstag 1849 ausgab, während er in Wahrheit beim Ritt nach Gettorf in entscheidender Stunde hilflos im Windebyer Moor festgesessen hatte. Der Begriff des Καλὸς Κἀγαθος, den Jansen uns stets als das klassische Mannesideal vorpredigte, hatte ihn für die Bedürfnisse der heranwachsenden deutschen Jugend einigermaßen verständnislos gemacht, seine abstrakte Ideenwelt und sein gänzlich vom kategorischen Imperativ der Pflicht beherrschtes Denken blieb uns Schülern vollkommen unverständlich, und so fand dieser Mann, der wahrhaft von sich sagen konnte: inserviendo consumor, in der Schülermenge keinen Schatten des verdienten Dankes. Obwohl ich gerade einer von den wenigen war, die verhältnismäßig gut mit Jansen auskamen, ist mir erst später im Leben aufgegangen, was ich diesem Manne, der in persönlicher Isoliertheit, in seelischer Vereinsamung Jahr für Jahr unverdrossen den schweren Stein der Pflicht sisyphusartig aufwärts rollte, zu danken hatte. Um nur eines zu nennen, so war er es, der in die Geschichte und

Geographie den damals noch ganz unbekannten Begriff der Heimatskunde, wenn auch nur unvollkommen genug, hineintrug und die von dem preußischen Lehrzweck geradezu verfemte schleswig-holsteinische Landesgeschichte einzuschwärzen wußte. Weiter endete der königlich preußische Geschichtsunterricht mit dem Jahre 1815; danach war für das Gymnasium nichts mehr passiert, keine Frage danach im Examen. Jansen gab uns aber in einem Anhang zu seinem Lehrbuch die wichtigsten Geschehnisse an die Hand und führte uns so wenigstens flüchtig in die Geschichts- und Gedankenwelt, die uns umgab, ein, wenn sie auch im Gegensatz zu dem, was doch schon erledigt und vermodert hinter uns lag, unwichtig genug erschien! Ich weiß, wie sehr Jansen von vielen seiner Schüler, die ihm doch vielleicht ihr Bestes verdankten, verkannt worden ist und wie sehr die Gefahr besteht, daß nur die spaßigen oder unbequemen Seiten, die auch ich erwähnte, aufbewahrt werden. Darum kann ich es nur als eine heilige Pflicht betrachten, dem treuen Mann ein spätes Dankeswort in seine Gruft nachzurufen! Selbstlose und entsagungsvolle Treue war überhaupt wohl, wenn man sie mit einem Schlagwort charakterisieren will, das Kennzeichen der damaligen Kieler Lehrer.

Armenschule in Flensburg (1876)

Georg Marten

Mittlerweile näherte ich mich der Vollendung des sechsten Lebensjahres, und mit dem Ostertermin 1876 war auch für mich die Zeit gekommen, wo mein Wunsch, in die Schule zu gehen, sich erfüllte. Bei den Vermögensverhältnissen meiner Eltern war es selbstverständlich, daß ich in die Armenschule kam, oder wie sie in Flensburg hieß, die Freischule. Eines Nachmittags nahm meine Mutter mich bei der Hand und ging mit mir zum Hauptlehrer der Marien-Freischule, wo mein Name eingetragen wurde. Der lange hagere Mann mit dem finsteren Gesicht und den buschigen Augenbrauen flößte mir einen gewaltigen Respekt ein, und meine Ahnung, daß ich mit ihm noch manchmal in Konflikt kommen würde, hat mich nicht betrogen. Hier in der Freischule war alles anders als in der Bürgerschule, schon der Schulanfang war ein anderer. In dieser begann das Schuljahr am Donnerstag nach Ostern, dort am Nachmittag des nächsten Tages. Meine Spielkameraden kamen stolz aus ihrer Schule und erzählten, wie es dort hergehe, mir gleichzeitig erklärend, ich würde, weil ich heute nicht dagewesen sei, nicht mehr aufgenommen werden. Als ich es meiner Mutter klagte, tröstete sie mich: ich würde noch früh genug kommen. So traten wir beide dann am nächsten Tag nachmittags um ½ 1 Uhr den Weg an, ich recht zaghaft, denn, obgleich ich gern zur Schule wollte, so war doch das, was ich von meiner Schwester über die Schule vernommen hatte, nicht geeignet, mir besonderen Mut einzuflößen.

Die Freischule war dreiklassig und wurde bis oben hin von Knaben und Mädchen gemeinschaftlich besucht. Die Unterklasse umfaßte wohl an die achtzig Kinder im Alter von 6 bis 11 oder 12 Jahren. Wir Rekruten standen vorn beim Pult, der Lehrer rief unsere Namen auf und setzte uns je zwölf auf die langen Bänke ohne Rückenlehne, die fast die ganze Breite des Schulzimmers einnahmen. Hinter jeder Bank war ein Gang, damit wir unsere Plätze einnehmen oder verlassen konnten, ohne unsere Sitznachbarn zu stören. Nachdem die Mütter sich entfernt hatten, erhielten wir jeder eine Tafel, einen Griffel hatten wir mitbringen müssen, und der Lehrer malte einen Tisch, einen Stuhl und ein Haus, was wir malen mußten, während er sich mit der anderen Abteilung beschäftigte. Diese Weise dauerte wohl drei Tage, dann wurde die Sache ernster. Jeder mußte mit seiner Tafel zum Lehrer kommen, der mit einem Nagel – Nerven muß der Mann nicht gehabt haben – Linien darauf ritzte; denn nun sollte das Lesen und Schreiben beginnen. Damit begann für mich gleichzeitig eine Periode des Märtyriums. Ich konnte lesen, und jetzt sollte ich es noch einmal lernen, und zwar auf eine Art, deren Nutzen ich nicht einsah. Stellte der Lehrer einen Buchstaben auf die Leiste der Lesemaschine, vor der wir standen, so nannte ich alsbald seinen Namen, mußte mich aber jedesmal belehren lassen, daß er gar nicht so heiße, sondern gehaucht, gezischt, gesummt oder gebrummt wurde, etwas, was mir nicht in den Kopf wollte, weil nachher bei der Zusammensetzung mit anderen Buchstaben stets dasselbe Resultat herauskam wie bei meinem Buchstabieren. Mein Vater hatte leider versäumt, mich in die Elemente der Phonetik einzuführen, die für ihn jedenfalls eben solche böhmischen Wälder waren wie für mich. Ich langweilte mich, lesen konnte ich, und das Lautieren war für mich überflüssig. So wurde ich unaufmerksam, ließ meine Augen umherwandern, störte auch wohl meine Nachbarn, die mit mir im großen Haufen dichtgedrängt vor der Lesemaschine standen. Wurde ich dann gefragt, wie der Laut heiße, konnte ich ihn nicht angeben und bekam Prügel. Mit einem kurzen dicken Stock beliebte es dem Lehrer, auf unseren kleinen Kinderköpfen herumzudreschen, was für ihn vielleicht ganz vergnüglich, für uns jedoch recht schmerzhaft war; auch war es gewiß nicht die richtige Stelle, Züchtigungen zu verabfolgen. So kam ich jeden Tag verprügelt nach Hause und war offenherzig genug, es zu erzählen. Ein Verschweigen wäre auch zwecklos gewesen, weil die roten Flecken an meinem Kopfe Zeugnis von dem Empfangenen ablegten. Eine geraume Zeit ging es so; man lief damals nicht gleich zum Lehrer, wenn der Junge einmal Prügel bekommen hatte, wie es jetzt so häufig geschieht, wo verlangt wird, daß selbst grobe Flegel mit Samthandschuhen angefaßt werden, denen eine Portion ungebrannter Asche besser täte. Da, an einem Montag morgen – es mögen wohl sechs bis acht Wochen verstrichen sein – nahm der Lehrer mich alleine vor, ging mit mir die ganze Fibel durch, ließ mich deutsche und lateinische Druckschrift lesen, Sätze mit deutschen und lateinischen Buchstaben schreiben, es ging alles. „Ja“, rief er aus, „was soll ich denn mit Dir machen?“ Wenn er es nicht wußte, von mir war nicht zu verlangen, daß ich es ihm sagte, doch setzte er mich zu den „Großen“, d. h. zu denen, die schon zwei, drei und mehr Jahre in der Unterklasse gesessen hatten. Ostern nächsten Jahres wurde ich der erste der Klasse, während die, die mit mir eingetreten waren, kaum dreißig Seiten der Fibel verarbeitet hatten.

Es ging in der Armenschule nicht im Eilzugtempo, wir Proletarierkinder lernten leicht genug, manchem vielleicht noch zu viel, wer kann's wissen.

Außer der Lesemaschine, die ich zur Genüge kennengelernt hatte, gab es auch eine Rechenmaschine. Es war eine mit Schiebern, hinter denen sich acht Reihen schwarzer und zwei Reihen roter Punkte befanden. Ich weiß aber nicht, daß damit hantiert worden ist. In den ersten Wochen dienten Klötze und Kreidestriche der Veranschaulichung, dann erschienen die nackten Zahlen. Von einem weiteren Unterricht war dann nicht mehr die Rede, wenigstens nicht bei den „Großen", wo ich meinen Platz hatte. Jeder rechnete im Heft wo er konnte und wollte, abgehört und nachgesehen wurde nicht, Kopfrechnen war eine unbekannte Größe.

Auch Anschauungsunterricht, wie man damals die Übungen im mündlichen Ausdruck nannte, gab es, doch habe ich daran nicht teilgenommen, da er mit bei den Großen verzapft wurde und ich in den Stunden, trotz meines jugendlichen Alters, bei den Kleinen als Helfer dienen mußte. Vom Religionsunterricht ist nichts im Gedächtnis haften geblieben; er wird also wohl wenig Eindruck gemacht haben.

So vergingen zwei Jahre, und Ostern 1878 wurde ich nach der Mittelklasse versetzt. Die Einrichtung des Zimmers war dieselbe wie die der Unterklasse. Die gleichen langen Bänke ohne Rückenlehne, dieselben schmucklosen, grauen Wände. Der Lehrplan wurde durch Geschichte und Erdkunde erweitert, und hier habe ich während meiner ganzen elf Jahre dauernden Schulzeit den einzigen Unterricht in Heimatgeschichte genossen, nachher nie wieder, weder in der Bürgerschule, die ich noch zwei Jahre besucht habe, noch auf dem Seminar. Doch gebe ich nicht den schleswig-holsteinischen Lehrern die Schuld, sondern dem System, das aus dem großen Vaterlande zu uns gekommen war, und den Männern, die es uns brachten, und die uns mit Gewalt verpreußen wollten. Ich hörte von Ansgar, dem Apostel des Nordens, von Waldemar dem Sieger und Adolf IV., von Erich Pflugpfennig und Abel dem Brudermörder. Der Beiname jenes wurde uns erklärt, daß er auf jeden Pflug eine Steuer von einem Pfennig legte, aber der Begriff „Pflug" haftete an dem Werkzeug, von einem Pflug Landes wußte ich nichts, und ich fürchte, mein Lehrer auch nicht.

Der Plätze habe ich in der Klasse verschiedene gehabt. Es war sehr leicht, eine „Rutschpartie" zu machen, und mancher tat's aus Vergnügen an der Sache. „Setzt euch über den Sprecher", hieß es, wenn der Lehrer uns den Rücken zukehrte, um etwas an die Wandtafel zu schreiben, oder wenn er im Schrank kramte. Da ist es manchmal vorgekommen, daß einer, der den ersten Platz auf der Bank einnahm, als jener uns noch im Auge hatte, der letzte war, wenn er sich uns wieder zuwandte.

Nach weiteren zwei Jahren ging ich in die Oberklasse über. Damit fiel ich dem gefürchteten „Langen" oder „Strengen", wie wir ihn nannten, in die Hände. Das Schulleben wurde jetzt ernst, sehr ernst. Eine Spielpause, auf der man sich auf dem Schulhofe austobte, gab es nicht mehr; so etwas war verpönt, und was in den beiden anderen Klassen an Prügel gespart worden war, das wurde hier nachgeholt. Man versammelte sich vor Schulzeit auf dem unteren Schulflur, stand hier entblößten Hauptes möglichst schweigsam, in der einen Ecke die Knaben, in der anderen die Mädchen, dichtgedrängt, denn der Flur war klein, und wir waren über siebzig an der Zahl. So warteten wir auf das Kommen des Herrn, der kurz nach 8 Uhr aus seiner Wohnung trat, ohne Gruß uns winkte und mit leisem Schritt die Treppe hinaufging, voran wie – nein, nicht wie der Hirt, sondern wie der Büttel, der uns zur Prügelbank führte. Scheu wie die Herde, die der Wolf umkreist, blieben wir Neulinge am ersten Morgen bei der Tür stehen. Wir wurden eingereiht, registriert. Es war wie im Zuchthaus. Unsere Individualität verschwand, unsere Namen mußten wir ablegen. Jeder erhielt eine Nummer, und bei dieser, nicht bei seinem Namen, wurde er gerufen, wenn man etwas von ihm wollte. Knabe Nr. X, Mädchen Nr. Y hieß man jetzt, solange man in der Schule blieb. Und wie Zuchthäusler wurden wir behandelt und mit den entsprechenden Schimpfwörtern belegt. Alles schien darauf angelegt zu sein, jegliches Ehrgefühl in uns zu ersticken. Es war, als wollte man uns zum Bewußtsein bringen, daß wir Minderwertige, Proletarier seien. Was für Folgen eine solche Behandlung in uns zeitigte, wird sich aus Nachstehendem ergeben.

Wir wurden nach der „Kleinen Seite" verwiesen, und erhielten unsere Schulbücher ausgeliefert: Bibel, Gesangbuch und Katechismus. Es gab auch Lesebücher in der Klasse, doch standen sie im Schulschrank, und nicht zehnmal haben wir sie in den drittehalb Jahren gebraucht, die ich bei dem Langen zubrachte.

Das Schulzimmer war ungewöhnlich lang. An der vorderen Querwand stand ein Pult, dann folgten sechs Sitzreihen, drei für Mädchen und drei für Knaben, das war die „Große Seite". In der Mitte des Raumes war ein freier Platz. Hier stand an der äußeren Längswand ein Podium mit Tisch und Stuhl, auf dem Tische lagen einige Bücher und das Haupterziehungsmittel des „Strengen“, der Stock, ein reichlich ½ m langer Rohrstock, nicht zu dünn, der, wie wir bald am eigenen Leibe erfahren sollten, in jeder Stunde und in jedem Fache die Hauptrolle spielte. Unter der Decke hing an einer Kette ein gewaltiger Erdglobus. Dann folgten wieder sechs Sitzreihen, die „Kleine Seite“ mit derselben Einteilung wie auf der „Großen“.

Wie verlief nun ein gewöhnlicher Schultag? Er begann mit der Andacht. Wir sangen aus dem Gesangbuch zwei, drei, auch wohl vier Strophen, worauf das Gebet folgte, das ebenfalls aus Gesangbuchversen bestand, und zwar regelmäßig aus dreien, die drei nebeneinander stehende Schüler hersagen mußten, während welcher Zeit der Lange mit frommem Augenaufschlag auf dem Pult stand. Das Morgengebet bildete die erste Gefahrzone, Prügel zu kriegen. Sagte der Vordermann die erste Strophe eines Gesangs auf, von dem man die zweite bzw. dritte Strophe nicht kannte, so bekam man hinterher seine Prügel, gewöhnlich fünf Hiebe mit dem bewußten Rohrstock in die rechte Hand. Es wurde nicht danach gefragt, ob der betreffende Gesang je gelernt sei, man mußte ihn eben wissen, was bei den 914 Liedern des alten Gesangbuches nicht gerade einfach war. Um nicht gleich morgens an der Gebetsklippe zu scheitern, verabredeten wir untereinander, was wir beten wollten, legten auch, wenn wir weit genug nach hinten saßen, das Gesangbuch geöffnet vor uns auf die Bank und lasen die Verse ab. Es kam aber auch vor, daß man sich mit seinem Vordermann erzürnt hatte, und war dieser „ein nadrupscher Racker“, dann begann er einen Gesang herzubeten, von dem man weder wußte, wo er zu finden war, noch wie die zweite bzw. dritte Strophe hieß, und dann war man unrettbar verloren. Nach der Andacht ging der Lange hinaus, und wir waren uns etwa zehn Minuten selber überlassen. Ängstliche Gemüter benutzten die Zeit, den aufgegebenen Memorierstoff noch einmal durchzulesen, den es fast jeden Tag gab, die meisten aber trieben Allotria mit viel Lärm und Geschrei. Einer stand an der ganz wenig geöffneten Klassentür und beobachtete die Treppe und die nach der Wohnung führende Tür, die sich unten neben der Treppe befand. Sobald diese sich bewegte, rief er: „He kümmt!“, und alles war ruhig. Mitunter wurden wir auch angeführt. Neben dem Schulzimmer war ein saalartiges Gemach, das zur Wohnung gehörte und mit jenem durch eine Tür verbunden war. Es kam vor, daß er, anstatt nach unten zu gehen, hier hineinging und, wenn wir eben im tollsten Toben waren, plötzlich die Tür aufriß und sich uns in seiner ganzen Länge zeigte. Dann erhielten vier oder fünf eine Lage, und der Religionsunterricht begann: die nötige Stimmung war da. Der Lange saß dabei auf dem Podium, die große Seite mußte sich mit dem Rücken gegen die Tische setzen, die Beine im Gange hinter der Bank. Nachdem er noch einmal die Augen verdreht hatte, begann das Aufsagen, und damit kam die zweite Klippe in Sicht; denn dabei ging es nie ohne Prügel ab. Es war für uns eine Ehrensache, selbst bei den stärksten Schlägen nicht zu weinen, keine Träne zu vergießen, und bald war es keine Kunst mehr, dieser Pflicht zu genügen. Nach drei-, höchstens vierwöchigem Besuch der Oberklasse war man dermaßen abgebrüht und gegen die Schläge unempfindlich geworden, daß man ihrer nicht mehr achtete. Hatte ich doch nach kurzer Zeit quer über die Fläche der rechten Hand eine dicke Schwiele, die von den fast täglich erhaltenen Schlägen herrührte. Besonders Tüchtige brachten auch das Kunststück fertig, wenn er, mit der Linken unsere rechte Hand haltend und mit der Rechten den Bakel schwingend, seine ganze Aufmerksamkeit auf das Schlagen richtete, ihm die Zunge möglichst weit entgegenzustrecken, und zwar nicht nur Knaben, sondern auch Mädchen, ja, ein solches war es, an dem ich diese Kunst zuerst bewunderte, um sie dann gleichfalls zu üben. Ich bezweifle, daß der Religionsunterricht, bei so amüsanten Unterbrechungen, besonders fruchtbringend gewesen ist. Und doch hätte Kaiser Wilhelm I. an dieser Klasse seine besondere Freude haben können. Verfuhr man hier doch strikt nach seinem Rezept: „Dem Volke muß die Religion erhalten bleiben!" Zwei solcher Religionsstunden hatten wir täglich, zwölf in der Woche, dazu Auswendiglernen einer Unmasse von Bibelsprüchen und Gesangversen. Wenn das Volk dadurch nicht gebessert wurde, so weiß ich's nicht. Ich fürchte nur, das Übermaß des Guten hat manchem auf Lebenszeit für diese Speise den Magen verdorben.

Mittlerweile war die Uhr 10 geworden, und es wurde eine Pause gemacht, die aber, wie schon bemerkt, für uns keine Spielpause war. Wir gingen nach dem Flur hinunter und blieben stehen; wer hinaus mußte, ging hinaus, kam aber sogleich wieder herein, und nach fünf Minuten ging's wieder nach oben.

Die dritte Vormittagsstunde war entweder eine Lese- oder eine Rechenstunde. In jener spielten Bibel und Gesangbuch die Hauptrolle. Aus diesem mußten wir auch abschreiben, obgleich alle Hauptwörter hier klein geschrieben waren. Es ging nach der berühmten Methode, Falsches vorzumachen, um Richtiges daraus abzuleiten. Leider blieb es bei jenem, dieses wurde nicht geübt. In der Rechenstunde wurden Rechenhefte verteilt, und jeder fuhrwerkte darauf los, so gut es ging. Anweisung wurde nicht erteilt. Der Lange saß unterdes untätig auf dem Podium und überwachte uns, stets auf dem Sprunge, einen Außenseiter zu erwischen. Mitunter war die dritte Stunde auch eine Geographiestunde. In einer solchen wurde mir einmal das Wort Württemberg zum Fallstrick, das ich Württenberg sprach, da es mir bis dahin unbekannt gewesen war, d. h. in seiner Schreibweise. Nachdem ich eine nette Strafrede wegen meiner Borniertheit über mich hatte ergehen lassen müssen, erhielt ich meine Fünf. Eines Geschichtsunterrichts entsinne ich mich nicht; wahrscheinlich wird er, ähnlich wie der Unterricht in der Erdkunde, gelegentlich mal aufgetreten sein, da es, außer dem für den Religionsunterricht, einen festen Stundenplan für den Nachmittag nicht gab.

Der Nachmittag begann wie der Morgen, nur daß der Gesang wegfiel, die Gebetsklippe aber bestehen blieb. Am Montag und Donnerstag war die erste Stunde eine Schreibstunde. Ich hatte das Pech gehabt, als erster versetzt zu werden, saß dem Langen also genau unter den Augen. Nachdem er an der Wandtafel vorgeschrieben, Hefte und Federhalter verteilt hatte, setzte er sich aufs Podium und beobachtete seine Herde, ob auch jeder, wie es seine Pflicht war, vor dem Schreiben eines jeden Wortes, noch besser eines jeden Buchstabens, eine Minute das Vorgeschriebene an der Wandtafel anstarrte. Da mußte es mir Unglücksmenschen passieren, daß ich das Anstarren vergaß. Plötzlich brüllte es vom Podium her: „Knabe Nr. X, eine Bank nach unten!“ Geruhsam nahm ich mein Heft und ging nach der nächsten Bank mit dem Bewußtsein: „Dabei bleibt es nicht. Nachher beim Nachsehen kriegst du Prügel.“ Als er dann am Schluß der Stunde durch die Bankreihen ging, den Stock unter dem Arm, und zu mir kam, nahm er mein Heft in die Hand, besah die Schrift genau, setzte mich noch zwei Plätze hinunter und – verabfolgte mir eine Tracht Prügel. Es war keine Kunst, die Zukunft vorauszusehen; aber eine Kunst war es, auch nur einen Tag der Woche ungeprügelt durch die Schule zu kommen.

Noch will ich von einigen besonderen Gelegenheiten berichten. Ein eigenartiges Vergnügen hatte der Lange daran, uns die Sommerferien zu verhunzen, indem er uns für die Zeit, die im gewöhnlichen Leben der Erholung dient, möglichst viel zum Auswendiglernen aufgab; nämlich drei der längsten Kirchenlieder und so rund dreißig Bibelsprüche. Wir waren aber vernünftiger als er; wir wußten, daß die Ferien für die Erholung eingelegt waren und nicht für die Arbeit, und statt 30 bis 36 langweilige Gesangstrophen zu lernen und dreißig Bibelsprüche dazu, nahmen wir lieber eine Tracht Prügel auf uns und spielten drei Wochen, als daß wir den Kopf mit dem ungekauten und unverdauten Wust füllten. Am ersten Schultage nach den Ferien war der Lange gnädig. „Heute wollen wir noch nicht aufsagen, aber morgen!" Ob der alte Esel glaubte, daß man in einem Tage nachholen könne, was man in drei Wochen versäumt hatte? Ich weiß es nicht, begreife es auch heute noch nicht, da sich dasselbe Schauspiel doch alljährlich wiederholte: das Prügelfest am zweiten Tage nach den Sommerferien. Denn an diesem Tage ging es vor sich, nämlich das Prügeln, das ungefähr von 8½ bis 10 Uhr vormittags dauerte, fast ununterbrochen, was daraus hervorgeht, daß er in dieser Zeit einmal – ich machte mir das Vergnügen, die Hiebe zu zählen – nicht weniger als 252 Stockschläge austeilte.

Sedanfest (um 1900)

Wilhelm Boysen

Hochklingend war bei uns von der Lateinischen Schule im Klostergang das Wort: „Sedanfest“. Das Begehen dieses Festes war im Erleben des Schuljahres der Höhepunkt. Besonders wir Kleinen sahen mit Spannung und Freude diesem Genuß entgegen. Bis ins einzelne ist daher dieses Fest uns noch gegenwärtig in frischester Erinnerung.

Schon bald nach Ostern wurde im Schulchor von dem Königlichen Musikdirektor Emil Fromm das Singprogramm für diese Feier aufgestellt. Die erwählten Festlieder wie – Fridericus Rex – und – Der General von Werder hat einmal zum Tanze aufgespielt – wurden mit Ernst und Eifer vierstimmig eingeübt. Dienstags und freitags von 4–5 Uhr nachmittags war für den Schulchor eine Singstunde angesetzt. Im Hochsommer fand die eine Singstunde von 7–8 Uhr morgens auf dem kleinen beschaulichen Schulhof statt, in dessen Mauern der Gesang hell und hoch erklang.

Auch im Turnbetrieb wurden die nötigen Vorbereitungen für das Sedanfest schon weit im voraus getroffen. Es galt, in jeder Klasse die besten Turner herauszusuchen, in dieser Zusammenstellung ein Schauturnen am Gerät am 2. September zu veranstalten.

Kurz vor dem Feste, auf dem natürlich kriegerisch geschossen werden mußte, wurde mit dem Ordinarius in den Klassen Rat abgehalten, welche Preise den besten Schützen zuteil werden sollten, man tat das Geld dazu in die Klassenkasse, Buchpreise und nützliche Gegenstände wie Taschenmesser, Geldtaschen, Feldflaschen, Reifenspiele wurden von einem Ausschuß eingekauft, um damit die Sieger zu belohnen.

Wir vom Chor waren vor Beginn der auf 10 Uhr angesetzten Morgenfeier die ersten in der mit Tannengrün-Girlanden festlich geschmückten Aula, die im alten Schulbau über dem Turnsaal mit breiter Zugangstreppe am kleinen Schulhof lag. Musikdirektor Fromm hatte uns hier um den Klavierflügel an der Aulatür aufgestellt, so daß wir von hier den besten Beobachtungsposten für die weitere Abwicklung der Dinge hatten. Der stattliche Pedell Brehme, ein alter Unteroffizier der Kriege 1866 und 1870/71, mit einer Reihe von Kriegsmedaillen an der großen Ordensschnalle geschmückt, machte an der weit geöffneten Flügeltür der Aula mit lauter Stimme die Honneurs unter Überreichung des gedruckten Festprogramms.

Das Lehrerkollegium, die geladenen Ehrengäste, die Eltern und Verwandten der Schüler erschienen. Interessante Uniformen boten sich uns zur Schau. Der General des hiesigen Füsilier-Regiments „Königin“ war in festlicher Uniform im Schmucke seiner hohen Orden erschienen. Der Landgerichtspräsident, Landgerichtsdirektoren, der Reichsbankdirektor in ihren an die Zeit von 1815 erinnernden dunklen Tuchuniformen mit kamoisinrotem hohen Kragen, breiten Rockbesatzstreifen, Rockärmel- und Taschenaufschlägen, alles mit reicher schwerer Goldstickerei besetzt, mit entsprechendem seidenen Zweispitz und mit Degen versehen, weitere Offiziere der hiesigen Garnison, Vertreter weiterer staatlicher und städtischer Behörden nahmen an der Feier teil. An die Reihen der Gäste schlossen sich dann klassenweise die Schüler der Anstalt, so daß die geräumige Aula bald bis zum letzten Platz besetzt war.

Die Feier begann mit einem Gesang des Chors. Der Direktor oder ein Lehrer der Schule hielt dann hoch oben vom altertümlich geschnitzten Katheder der Aula die Festrede zum Gedächtnis des Sieges von Sedan und der Gründung eines 2. Reiches, geeinten Deutschlands. Ein Schüler jeder Klassenstufe deklamierte vom Rednerstand aus ein sorgfältigst vorbereitetes patriotisches Gedicht wie: „König Wilhelm saß ganz heiter“, Gedichte über Sedan, Deutschland, den Kaiser und die Helden des Feldzugs 1870/71. Gemeinsame Gesänge vaterländischer Lieder dienten als Einlagen, der Schulchor bot weitere Unterhaltung zur Erhöhung der festlichen Stimmung. Der Direktor der Anstalt verteilte dann an die durch Fleiß und Leistung verdienten Schüler Buchpreise, welche die Regierung zur Verfügung gestellt hatte.

Nach Schluß dieser Morgenfeier begab sich das Lehrerkollegium mit den Schülern auf den kleinen, in sich abgeschlossenen Schulhof, wo damals als feste Turngeräte Recks, Barren, Kletterstangen, Leitergerüste errichtet waren, wohin weiteres Gerät aus der im Erdgeschoß des alten Schulgebäudes unter der Aula befindlichen Turnhalle geschafft war. Pflicht- und Kürübungen der besten Turner der Klassen zeigten nun in glänzenden, oft Staunen erregenden Einzelleistungen deren Künste. Reichliche Buch- und Sachpreise lohnten die Punktsieger.

Nachmittags 2 Uhr standen die gesamten Schulklassen vor ihrem Lehrerkollegium in strammer Haltung auf dem kleinen Schulhof in 2 Glieder aufgestellt. Wie am Morgen beim Turnen hatte Oberlehrer Dr. Wilhelm Petersen als Reserveoffizier und Turnlehrer jetzt das Kommando. Am rechten Flügel stand die stattliche Musikkapelle. Es schlossen sich die Klassen an, ausnahmslos im Schmucke ihrer Schülermützen aus herrlichem farbigem Tuch in rot, blau, schwarz, grün und braun in großem Format gleich der studentischen deutschen Burschenmütze, die sofort nach 1864 im deutschen Flensburg das Gymnasium eingeführt hatte und welche in ihren goldenen und silbernen Streifen vielfach die Farben des 1. und 2. Reichs und die schleswig-holsteinischen Farben darstellte. Unter „Stillgestanden" ertönte der Präsentiermarsch. Die am rechten Flügel jeder Klasse aufgestellten, von den Klassengenossen gewählten Fahnenabordnungen, Führer, Fahnenträger und 2 Fahnenjunker, rückten ab zum Fahneneinholen. Diese Fahnenabteilung nahm unser ganz besonderes Interesse in Anspruch. Mit weißen Handschuhen versehen, die Primaner mit roter Seidenschärpe, die übrigen Abordnungen mit schwarz-weiß-roter, von Mutter mit liebender Hand genähter Schärpe geziert, Führer und Fahnenjunker in der Hand des gewinkelten Armes einen Schläger, einen Säbel oder Degen, so zogen sie in stolzer Haltung an uns vorüber. Bei den Primanern und Sekundanern sah man studentische Fechtbodenschläger mit offenem Korb oder Glocke, im übrigen Degen von Beamten, Säbel aller Formen und Kriege bis hinunter zu den Sextanern, die stolz die Seitengewehre alten Kalibers im Arm gewinkelt trugen, so ich das Seitengewehr eines preußischen Fähnrichs aus der Schlacht von Düppel.

Unter den Marschklängen der Musik wurden die in der Turnhalle bereitgestellten Banner und Fahnen der Schule dort von den Fahnenabordnungen geholt. Die schönen rotseidenen Banner der beiden Primen mit dem Zirkel  der Gymnasialabteilung und  der Realabteilung des Primenverbandes in goldener beziehungsweise silberner Stickerei fielen uns dabei besonders auf. Die anderen Klassenfahnen zeigten die deutschen Reichsfarben schwarz-weiß-rot und die Heimatfarben blau-weiß-rot. Unter Vorantritt der im Schulhof laut schallenden Musik ging es nun in der Rangordnung der Klassen im geschlossenen Zuge zum Schulhof hinaus durch die Torbogen des den Klostergang sperrenden Bibliothekgebäudes, des alten Teils der Lateinischen Schule. Durch die Enge des Klostergangs ging es mit fliegenden Fahnen die Friesischestraße hinauf zum Kriegerdenkmal von 1870/71, um welches der Festzug Aufstellung nahm. In kurzen eindrucksvollen Worten gedachte hier Dr. Wilhelm Petersen der Gefallenen von 1870/71, worauf ein Primaner einen großen Eichenkranz am Denkmal niederlegte.

Weiter ging es dann im Festmarsch nach dem nahe gelegenen „Tivoli", durch dessen großes Holztor in den Wirtschaftsgarten marschiert wurde. Nach Auflösung des Festzuges begann im Garten das Scheibenschießen der einzelnen Schulklassen um die zur Verfügung gestellten Siegerpreise. Schoß man allgemein mit Luftgewehren, Bolzen, so schossen die Primaner mit Zündhütchen und Kugel, wobei das Knallen des Abschusses uns Kleinen nicht wenig imponierte.

Im Laufe des Nachmittages erschienen die Eltern, Geschwister und die sonstigen Verwandten der Schüler auf dem Festplatz und nahmen den Kaffee ein im herrlichen großen Garten mit seinen schattigen Kastanienreihen sowie an den Randtischen der Säle „Wintergarten“ und der „Sängerhalle“ und im Verbindungsgebäude. Die Musikkapelle spielte in dem muschelförmigen Musikpavillon des Gartens ihre Weisen zur Erhöhung der Feststimmung, die Weiblichkeit, die kleinen Mädchen in ihren weißen gesteiften Festkleidern, die bereits den Tanz erwarteten, boten unter den wogenden Festteilnehmern ein reizendes Bild.

Um 6 Uhr wurde der Tanz mit der Festpolonaise durch die Promenaden des geräumigen Lustgartens eingeleitet. Voran die Blasmusik, in bunter Reihe folgten nun die Schüler, ausgestattet mit weißen Handschuhen, an der Hand die von ihnen erwählten Schönen führend. Der Tanz wurde fortgesetzt in den beiden Festsälen, im „Wintergarten“ tanzten die größeren Schüler, in der „Sängerhalle“ die unteren umfangreicheren Schulklassen. Auch hier war Dr. Wilhelm Petersen als Leiter führend, stets war er eifrig bemüht, die niedlichen kleinen tanzbegehrlichen Mädchen den Drückebergern, die sich noch weiter im Garten aufhielten, zuzuführen, um sie für den Tanz zu gewinnen.

An den Randtischen der Säle, in den übrigen Festräumen herrschte eine gehobene Feststimmung der an der Freude ihrer Kinder teilnehmenden Eltern und Verwandten. Bis 11 Uhr dauerte der Tanz. Die Dunkelheit war bereits hereingebrochen. Als Schlußakt wurde nun auf dem westlich des Wirtschaftsgartens liegenden großen Platz, von dem dortigen Sandberg herab, ein prächtiges Feuerwerk mit Raketen, Schlangen, Feuerrädern und anderen Lufteffekten, zum Schluß rotes und grünes bengalisches Licht abgebrannt. Das Fest hatte sein Ende erreicht. Jeder ging nun, von den vielen Eindrücken des Tages überwältigt, gehobener Stimmung nach Hause.

Dieses Schulfest wiederholte sich alljährlich bis 1896. Es wurde dann nach 25jährigem Frieden in Ausfluß der damals von der deutschen Regierung betriebenen Versöhnungspolitik gegen Frankreich das Abhalten von Sedanfesten als unerwünscht bezeichnet und unterlassen.

Mien Reis' na'n „Knuust" (1922)

Jep Nissen Andersen

„Sie werden hiermit ab 15. April 1922 mit der Verwaltung der Schulstelle an der einklassigen Volksschule in Wenkendorf auf Fehmarn – (Kreis Oldenburg in Holstein) – beauftragt. Sie haben . . . usw."

So stünn op den Schien to lesen, de mi an'n sößteinsten April enerwegens baben an de Westküst op den Disch flallern dä. Dat mit den föffteinsten April kunn je so mit Schick nix mehr warrn, aver dar keem dat denn sach ni so nipp op an; för mi weer de Hauptsaak, dat ik Anstellung un Hüsing kreeg!

Nu güng dat Raden denn los: Wenkendörp op Fehmern? Miendaag nix vun höört! – Fehmern, – ja, dar wüß ik ut mien Schooltiet beten wat vun af: „Fehmarn ist eine kleine, aber fruchtbare Insel in der Ostsee zwischen Kiel und Lübeck!" – Darmit harr sik dat denn ok!

Her mit de Landkaart; mal sehn, woneem düt Wenkendörp liggt! – Mit veer Man hooch hebbt wi studeert un söcht: Keen Wenkendörp to finnen! Den Deuvel ok! – Ik keem meist op den Verdacht, dat de Lüüd ‚dar baben' mi blot in'n April schickt harrn, man – darto weer't je beten laat! – Do kreeg een vun uns den kloken Infall, in't Telefonbook natokieken, un richtig: Dar weer Wenkendörp mit in, un twee harrn gar Telefon: de Buurmester un „Öffentliche Fernsprechstelle!" Nu weer ik je babenop, denn wenn dar en Buurmester und en „Öffentliche" in't Dörp weern, denn harr dat mit de School sach ok sien Richtigkeit!

Ik keem also bi, pack mienen Backbeernkraam tohoop, klemm mi den „Schaapsschinken", as de Fiedelkassen nöömt würr, ünner'n Arm un reis anner Dag na Fehmern hento.

In Heid müß ik ümstiegen; in'n Töövruum dreep ik enen Klassenkollegen, de ok op Fahrt weer.

„Woneemhen wullt du denn op dal?" fragg he.

„Anstellung heff ik kregen, op Fehmern."

„O Gott, – op de Insel? Dar gifft't sach en Barg lütte Scholen!"

„Lever lütt as garnix!" anter ik un steeg in mienen Tog.

In Niemünster müß ik wedder wesseln, – na Aschbarg hento. Op den Bahnstieg patterleer en lütt Deern op un af, ik reskeer mal en Oog. – Mudder weer je ni mit bi! – un miteens reep dat Frollein: „Hallo, Jep! Ok op Reisen? Woneem schall't denn hengahn?"

„Och, duuu büst dat, Lotte! – Ik – ik will na Fehmern, schall dar en School övernehmen.“

„In Burg? – Dar bün ik en Tietlang an de Mittelschool to Uthölp ween.“

„Nee, Lotte – in Wenkendörp, eenklassige Volksschool.“

„Wenkendörp? – Wenkendörp? – – Och, du leve Kristoffer, – dat is en heel lütt Dörp baben an de Noordküst! Mehr as twee- oder dreeuntwintig Kinner hest dar wiß ni, – ha haa!“

„Mutt sienen Willen hebben, Lotte; denn warr ik dar wull mit torechtkamen. Djüsch!“ – Rin in mienen Tog.

In Aschbarg stünn ik denn nahst un luur op den vun Kiel na Lübeck. As de anrullen deit, kickt ut en Finster vun de damaligen „Danzwagens“, – de Dinger, woneem rundüm an de Wand höltern Bänk weern un in de Mitt Platz för Packelaasch un Kinnerwagens, – en Kolleg, mit den ik as Suldaat tosamen utbillt worrn weer, un reep: „Hallo, Jep, kumm man hier rin, hier is Platz!“

As wi Siet an Siet seten, güng't natürli op dat „Woneemhen?“ op dal, un as he to hören kreeg, dat ik na'n ‚Knuust‘ – as Fehmern ja nöömt warrt – wull, hau he mi op't Knee: „Mann, dar bün ik ok mal een Jahr ween, in Lemkenhaven! – Woneem schaßt du hen?“

„Na Wenkendörp.“

„Wenkendörp? – Ha, ha, haa, denn graleer ik di! Kriegst en ganz lütt School, wiß ni mehr as föfftein Kinner!“

Ik füng an to simmeleern:

Dree- bet veermal muß ik noch ümstiegen; dat kunn je heiter warrn mit de Kinnertall in Wenkendörp!

In Eutin güng dat goot, dar dreep ik kenen Bekannten. In Niestadt müß ik eerstmal rut; dar wahn domals de Herr Schoolraat vun Ollenborg, un bi em schull ik mi mellen. –

Eerstan güng ik na en Hotel, üm mi en Stuuv to meden, denn ik kunn den Dag ni wiederkamen. Denn: swatten Sniegelrock antrokken, hogen Hoot opstülpt – weer do noch so de Mood! – un na den Herrn Schoolraat hen.

He studeer mien Popieren und see: „Aha, Sie sind der neue Herr für Wenkendorf, – freut mich! Nehmen Sie Platz, bitte!“ – Ik sett mi hen, un na enen Stoot meen de Schoolraat: „Hm, – Sie kriegen dort eine ganz bequeme Schule, Herr Andersen; soviel ich im Augenblick im Bilde bin, die Akten liegen in Oldenburg, ich wohne ja nur hier, sind zur Zeit höchstens zehn oder elf Kinder dort!“

„O gottegott!“ dach ik do un sack bald in mi tosamen. Luut

fraag ik den hogen Herrn, woveelmal ik denn nu noch ünnerwegens ümstiegen müß. He keek mi beten verbaast un fraagwies an: „Wie kommen Sie nur zu dieser Frage?"

Ik verklaar em je denn, wat ik bet herto mit de Ümstiegeree un de Schölertall in Wenkendörp beleevt harr. Do trööst he mi un lach, dat kunn nu ni mehr heel leeg warrn denn ik bruuk blot noch tweemal to wesseln.

In Lüttenbrood güng dat anner Dag goot un ünnern an'n ‚Sund' ok; ik dreep kenen Bekannten un lann glückli op'n ‚Knuust'.

In Burg müß ik wedder rut, schull dar enen Breef vun den Paster, woneem ik herkeem, bi den Herrn Propsten afgeven; de weer dar in dat Pastorenhuus boorn, un en lütt Schrieven kunn för mi in en willfrömm Gegend blot got ween, harr mien ool Paster meent. Ik würr ok fründli opnahmen un op en Taß Koffi inlaadt.

De Herr Propst vertell mi denn, dat he bet vör'n paar Jahr jo ‚Bezirks-Schoolinspekter' op de Insel west weer, un dat ik en heel lichte School kriegen dä; soveel as he wüß, weern dar ogenblickli ni mehr as acht oder negen Kinner. – Dat maak mi nu aver bald möör; en Glück blot, dat ik ni nochmal „umstiegen" müß!

Lütt Stüün harr ik in Burg noch Tiet, güng na enen Kroog rin un telefoneer na Wenkendörp, dat ik nu in de Stadt weer un mit den ‚Güterzug' – de harr ok so'n ‚Danzwagen' mit – na Petersdörp kamen würr un geern afhaalt warrn wull. Ik snack mit de Fru Buurmester, un se beduur heel dull, dat se mi leidergotts kenen Wagen schicken kunn, denn de Peer weern all op't Feld bi de Saat, aver se würr ehren Söhn mit en Rad na de Bahn schicken. – Ok goot.

Mit twee Mann wöltern wi uns in Petersdörp ut den Tog. De Badenfru ut Petersdörp, de alle paar Daag na Stadt fahr, üm för anner Lüüd wat to besorgen, un ik; verwesseln kunn de Jung, de op den Bahnhoff luur, uns also ni!

As wi mien Packelaasch op dat Rad verstaut harrn, zuckeln wi uns los na Wenkendörp hento, goot een Stünn to lopen, as de Jung see.

Een Fraag brenn mi natürli op de Tung: Woveel Kinner nu würkli in de Wenkendörper School weern, denn de Jung müß dat je weten, aver – ik riskeer meist ni to fragen. Dat he sülm dar ni mit tohöörn da, kunn ik an sien bunt Schölermütz sehn, un he vertell mi denn ok stolt, dat he op dat ‚Johanneum' in Lübeck weer.

As wi denn even buten Dänschendörp weern, dat Naverdörp,

wies de Jung op paar Hüüs vörut an de Kimm un see: „Dat dar, dat is Wenkendörp!“

„Gottloff“, dach ik, „nu kann’t ni mehr scheefgahn!“ – Ik bleev merrn op Straat stahn un riskeer de grote Fraag: „Nu segg mi ehrli, – woveel Kinner sünd dar ogenblickli in de Wenkendörper School?“

„Jä“, anter de Jung un grien darbi beten smerig, „opstünns sünd dar noch fiev, aver – twee darvun gaht na veertein Daag weg, se treckt üm na en anner Dörp.“

Wenn ik mi do ni vör den Jungen schaneert harr, – an’n leevsten weer ik op de Graskant henplumpst, üm mi to begasseln!

Anner Dag füng ik denn mit mien fiev Kinner, de ok richtig na veertein Daag op dree tosamensmölten, dat Schoolholen in Wenkendörp an, – un mit düß dree heff ik datsülvige Jahr noch mien ‚Tweet Examen‘ maakt. Darbi weern wi ‚lieker stief‘, dat heet: veer Mann kemen to’n Examineern, – un wi weern veer dargegen, – un darüm heff ik denn je wull ok bestahn!

Wir lernen Chinesisch (1933)

Werner Gilde

„Der Schüler Gilde soll zum Herrn Oberstudiendirektor kommen."

Der Pedell Tedje Maak stand an der Klassentür und machte ein sehr amtliches Gesicht. Ein Pedell an einem Gymnasium war das, was an der Volksschule Schuldiener hieß. Er hatte die Reinemachefrauen zu beaufsichtigen, in den Pausen Trinkmilch in Flaschen zu verkaufen und Botengänge durchzuführen. Herr Maak, mit dem Vornamen Theodor (daher Tedje), hatte sich aber im Laufe der Jahre eine solche Stellung in der Schule geschaffen, daß er mit Recht einmal sagte: „Ich und der Herr Direktor haben beschlossen." Direktoren und Oberstudiendirektoren kommen und gehen, ein Pedell bleibt. Das war erwiesen.

Ich ging also mit Tedje Maak die langen Korridore entlang, an den vielen bunten Mützen vorbei, und überlegte, ob ich in Zukunft meine Mütze noch an einen der Haken hängen könnte.

Im Pedellraum neben dem Direktorenzimmer mußte ich warten, damit ich dem Herrn Oberstudiendirektor angemeldet würde. Es war durchaus nicht so, daß ein Schüler, selbst wenn er bestellt war, so einfach zu dem Schuldirektor gehen konnte.

Krampfhaft versuchte ich, mir zu überlegen, was ich sagen und wie ich mich verteidigen wollte, denn mir stand ein Rausschmiß (vornehm ausgedrückt: consilium abeundi) bevor. Doch kamen mir keine Gedanken. Ich starrte nur auf das Foto an der Wand, das eine Gruppe Soldaten in den bunten Uniformen der kaiserlichen Armee zeigte. Darunter stand:

Es lebe hoch das Regiment,
das sich mit Stolz: von Grolmann nennt.

Wahrscheinlich ließ man mich erst mal eine Viertelstunde warten, um die Wichtigkeit der Unterredung zu unterstreichen. (Ich habe später, als ich selbst Direktor war, niemals jemand warten lassen.)

Dann führte Tedje mich über den Flur, klopfte an die schwere Eichentür, riß sie auf und rief: „Der Schüler Gilde."

Das Direktorenzimmer war ein langer, schmaler Raum mit nur einem großen Fenster. Der Efeu der Außenwand ließ seine Ranken vor der Scheibe herunterhängen, so daß Oberstudiendirektor Humpf auf seinem Schreibtisch eine Lampe mit grünem Glasschirm brennen hatte. Da Humpf sehr klein war und ich mit 13 Jahren mindestens so groß wie er, befanden sich unsere Köpfe fast in gleicher Höhe, obwohl er saß und ich vor seinem Tisch stand.

Von der Wand hinter dem Direktor sah Fürst Bismarck, aus einer Kopie nach dem Lenbach-Gemälde, sehr streng auf uns herab.

Wie ich früher schon erzählte, sprach Humpf das I wie ein Ü. Dadurch wurden seine oft beißenden Reden etwas gemildert.

„Ja, Gülde“, begann er nach einer Einschüchterungs-Schweigeminute, „da hast du dir etwas Böses eingebrockt.“

Natürlich, das war mir auch schon klar. Wir hatten zur Nationalhymne, dem Deutschland-Lied, noch eine zweite hinzubekommen, das „Horst-Wessel-Lied“. Weiter war angeordnet worden, beim Absingen der Lieder die „rechte Hand am ausgestreckten Arm in Augenhöhe zum Deutschen Gruß zu halten“. Das hatte ich bei der vorgestrigen Schulfeier, wo Lieder und Armhaltung zum erstenmal ausprobiert wurden, nicht gemacht. Nun wäre es sicherlich schön, wenn ich jetzt schreiben könnte, ich sei ein so überzeugter Antifaschist gewesen, daß ich lieber meine Laufbahn aufs Spiel setzte, als die Hand zu heben.

Doch so war es (um bei der Wahrheit zu bleiben) nicht. Mir war das Ganze einfach zu dumm, und an irgendwelche Folgen dachte ich überhaupt nicht. Seit dem Skagerrak-Tag dachte ich immer öfter über Begeisterung und ihre Ausdrucksform nach. Natürlich war ich noch weit von der Erkenntnis entfernt, daß es viel interessanter (und nützlicher) ist, herauszufinden, warum Menschen plötzlich vor Begeisterung schreien, singen oder weinen, als selbst mitzumachen. Doch sich in der Haltung hinzustellen, als ob man fragt: „Regnet es noch?“, und dabei zu singen war mir zu lächerlich.

Nun hätte Humpf eigentlich fragen müssen: „Was hast du dir dabei gedacht?“ (Brecht sagt, es gibt keine dummen Fragen. Er irrt! Das ist eine.) Unser Gespräch wäre dann bestimmt sehr negativ ausgelaufen.

Doch als guter Pädagoge fragte er: „Warum wolltest du die Hand nicht hochheben?“

Darauf konnte ich sehr klar antworten: „Weil es mir lächerlich vorkam“, und ich begründete diese Behauptung.

„Nun“, sagte Humpf, „die anderen aus deiner Klasse haben das nicht so empfunden.“

„O doch“, widersprach ich, „bei uns sind nur die Dummen, die bei Herrn Oberhoff Nachhilfestunden haben, dafür.“

„Soso“, meinte Humpf und besah nachdenklich den Zettel, auf dem der Turnlehrer Oberhoff mich gemeldet hatte.

„Warum bist du denn der einzige, mit dem ich Ärger habe?"
Ich nahm mein Herz in beide Hände: „Vielleicht hatten die nicht den Mut, den der Führer fordert."
„So kann man es natürlich auch sehen", gab Humpf zu. „Setze dich einmal dort hin."
Ich suchte mir den nächsten Stuhl mit dem Gefühl, daß es nicht mehr schlimm werden könne.
„Gülde, wenn du in China lebtest, welche Sprache müßtest du sprechen und welche Sitten befolgen?"
Ich schlug vor, mich den Chinesen anzupassen.
„Richtig", sagte Humpf und hob den rechten Zeigefinger (eine typische Lehrerbewegung), „und wenn du unter dem Nationalsozialismus leben willst, so mußt du dich ihren Sitten und Gebräuchen anpassen! Hast du das verstanden?"
Ich nickte.
„Ganz genau?" fragte Humpf nochmals.
„Jawohl, Herr Oberstudiendirektor."
„Dann kannst du gehen!"
Ich erhob mich, machte meine Verbeugung, ging zur Tür, machte nochmals einen tiefen Diener und ging.
Vor der Tür stand Tedje Maak.
„Na, rausgeflogen?"
„Nein, warum?" fragte ich sehr erstaunt.
In der nächsten Zeit lernten alle Chinesisch. Jeder suchte sich den Teil von Hitlers Maßnahmen heraus, die für ihn günstig waren, und machte bei dem anderen die Augen fest zu. Vater erhielt Arbeit und baute Kasernen. Als guter Arbeiter spezialisierte er sich auf das Fliesenlegen in den Bädern der Offizierswohnungen. Das Erfinden und Ausführen von Kachelmustern machte ihm Spaß. Energisch hätte er dagegen protestiert, wenn jemand ihm gesagt hätte, er helfe bei der Aufrüstung.
Dr. Reiz, unser Chemielehrer, hielt begeisterte Vorträge über den Aufbau der Chemie. Damals wurde gerade das PVC erfunden. Wenn Hitler aber eine Rede gehalten hatte, konnte es passieren, daß er seinen Unterricht so begann:
„Der Führer hat gestern gesagt, ‚der Jude ist das Ferment der Dekomposition'. Was ist ein Ferment? Dohse, erkläre es uns einmal."
Dohse war Führer in der Hitlerjugend. Natürlich wußte er weder, was ein Ferment noch was eine Dekomposition war. Dr. Reiz definierte die Worte dann sehr genau. Über den ganzen Satz verlor er kein Wort, doch jeder von uns merkte, er (der Satz) war unsinnig. Im Laufe der Schulzeit lernten wir – zumindestens

ich –, jedes Zitat zu prüfen. Vor allem die wohlklingenden waren uns verdächtig.

Herr Heuer in der Lehrerbibliothek gab mir Bücher mit der Bemerkung: „Stecke sie gleich in die Tasche und laß sie nicht herumliegen.“ Mitunter erhielt ich auch eins mit dem Zusatz: „Das kannst du ruhig zeigen.“

In Horst heftete Kaufmann Schlüter ein Schild an die Tür:
Trittst du in den Laden ein,
Soll dein Gruß „Heil Hitler“ sein.

(Es tut mir leid, daß ich all diese Sprüche behalten habe. Wieviel Nützliches hätte mein Gehirn statt dessen speichern können.)

Die Horster Frauen lösten die Grundfrage auf ihre Weise. Jede ließ die Ladentür erst einmal offenstehen und buchstabierte den Vers. Dann sagte sie den üblichen Gruß: „Schönes Wetter heute“ oder „Schlechtes Wetter heute“.

Schlüter wurde es bald leid, daß immer die Tür offenstand, und er schraubte das Schild ab.

Ich möchte keinen Zweifel lassen, die meisten Leute waren für Hitler. Doch zwischen den Verordnungen und Maßnahmen in Berlin und ihrer Ausführung in Horst klaffte sofort eine große Lücke, wenn kein direkter Vorteil für die Dorfbewohner dabei heraussprang.

Auch Oberstudiendirektor Humpf und seine Studienräte, Oberlehrer, Assessoren und Referendare hatten keine große Lust, sich in den Schulbetrieb hineinreden zu lassen. Eine Ausnahme bildete nur Turnlehrer Oberhoff. Anscheinend spielte hier, für uns Schüler kaum bemerkbar, ein Machtkampf hinter den Kulissen.

Als erstes wurde der „Nationalpolitische Sonnabend“ eingeführt. Für den Unterricht gab es die Fünf-Tage-Woche.

Sonnabends machten die Schüler Dienst in der Hitlerjugend oder im Jungvolk (bis 14 Jahre). Nur mein Klassenkamerad Rudi Dieseldorf und ich gingen in die Schule. Dieseldorf hatte eine jüdische Mutter, und ich war „nicht organisiert“. Es spricht für unsere Lehrer, daß Dieseldorf seine Ausbildung an der Schule abschließen konnte (er wanderte später nach Chile aus). Für uns zwei (von 500 Schülern) mußte sonnabends unterrichtet werden. Wir haben bei diesem Privatunterricht sehr viel gelernt.

1934 mußte ich wieder zu Humpf kommen.

„Es ist wohl besser, wenn du in die Hitlerjugend eintrittst“, sagte er. Da der schulfreie Sonnabend abgeschafft werden sollte (die Eltern hatten sich überall beschwert) und in der HJ Umwandlungen vor sich gingen (über die ich noch berichten werde), konnte die Schule bald danach melden: Alle arischen Schüler sind hundertprozentig (ein Wort, das damals erfunden wurde) in der HJ.

Nach der Machtübernahme (ebenfalls ein neues Wort) bemerkten wir zwei Strömungen. Die eine ging von Hitler aus. Er versuchte mit allen Mitteln seine Stellung zu festigen. Die andere ging vom Chef der SA – Hauptmann Röhm – aus. Nach Röhm stand die Revolution der SA erst bevor. Allgemein war „die Nacht der langen Messer" im Gespräch, worunter eine „Abrechnung mit Kommunisten, Juden, Spießbürgern, Vaterlandsverrätern usw." verstanden wurde.

Eines Tages im Herbst 1933 teilte uns unser Klassenlehrer mit, er werde uns an einen anderen Lehrer abgeben. Das war ein einmaliger Vorschlag, denn das Wohl der Schüler erforderte (nach Meinung der Lehrer) unbedingt, jede äußere Störung durch Personalwechsel zu vermeiden.

Am nächsten Tag führte Humpf einen Dr. Schmidt mit sehr dürren Worten ein. Schmidt war ein verkleinertes Ebenbild von Hauptmann Röhm, klein, breitschultrig, runder Kopf, schnurgerader Scheitel, Bärtchen unter der Nase.

Bisher waren die Umgangsformen zwischen Lehrer und Schülern höflich und zivil. Jetzt wurden sie zackig und militärisch. Dr. Schmidt war offensichtlich dem Lehrkörper aufgezwungen worden. Und genauso offensichtlich (aber nicht für Schmidt) glaubte Humpf, wir würden am besten mit ihm fertig.

Schmidt schaffte als erstes in seinen Fächern (Deutsch, Geschichte und Erdkunde) das Lernen ab. „Nur Kaffeehausliteraten und Kritikaster lernen. Der deutsche Junge glaubt." Im Prinzip gefiel uns natürlich diese Auffassung. Doch im einzelnen wollten wir wissen, was ein Kaffeehaus sei.

„Ach so, ein Café wie Café Schrader", stellten wir dann fest. Dann ging es mit den Literaten weiter, was das sei und was sie mit dem Café zu tun hätten.

Dr. Schmidt stellte sehr schnell fest, wie weit wir noch von den Forderungen des Führers entfernt waren, hart wie Krupp-Stahl und zäh wie Leder zu werden.

Natürlich brachte ich hier an, was ich über Vaters Sense aus Sheffield-Stahl wußte. Und da Elmshorn viele Gerbereien hatte, wußten andere über die Eigenschaften des Leders sehr gut Bescheid. Ein paar Schüler fanden Schmidt „gar nicht so schlecht". Ihre Meinung änderte sich aber schnell, als die ersten Arbeiten geschrieben wurden (Humpf verlangte sie).

Nur mit dem „Glauben an Deutschland" konnte man keine

Frage über das Römische Weltreich beantworten oder den Inhalt einer Geschichte wiedererzählen.

Im Sommer 1934 ließ Hitler Röhm, seine wichtigsten Anhänger und noch eine Anzahl weiterer unerwünschter Personen erschießen. Anschließend beschloß der Reichstag ein Gesetz, das diese Morde rückwirkend für Recht erklärte.

Dr. Schmidt mußte bereits am nächsten Tag unsere Schule verlassen, und der Glaube wurde wieder durch Fleiß ersetzt, was uns ganz lieb war.

Meine Schulzeit im Dritten Reich

Peter Wapnewski

Mein Gymnasium, das sich stolz „Alte Kieler Gelehrtenschule" nannte, hatte einen Lehrkörper, der sich etwa zu 70 Prozent als nationalsozialistisch verstand und gebärdete. Die grüßten stramm mit deutschem Gruß, die kamen im Braunhemd in ihre Klassen, waren niedrige Chargen als „Politische Leiter" der Partei, erzählten von Krieg und Kriegsgeschrei und bewährten sich im „Nationalpolitischen Unterricht" und in der „Rassenkunde". Wunderlicherweise geriet auch die Humanistische Bildung und ihr Lehrplan mit diesem Betrieb nicht in Konflikt, das ließ sich arrangieren, die Griechen haben ja feurige Schlachtgesänge hinterlassen, und in Platons ‚Staat' hätte die SS sich nicht übel eingenistet. „Herrlich zu sterben, wenn mutig im Vordertreffen du fielest", sang unser Schulchor: das war Tyrtaios, die Musik hatte Sibelius gemacht. Und mein Abituraufsatz behandelte das Thema ‚Herrenmenschentum und Sklavenmenschentum in Platons Dialog ‚Gorgias''. Ich wünschte, ich könnte ihn heute wieder lesen, aber er ist verbrannt mitsamt vielen Akten und vielen Herren- und Sklavenmenschen in einer der vielen Kieler Flammennächte.

So also wohl drei Viertel der Lehrer. Von den übrigen waren manche betont indifferent; und einige wenige machten keinen Hehl aus ihrer Ablehnung des neuen Staates. Das mag sie in der Kollegenschaft isoliert haben – wir Schüler nahmen es zur Kenntnis und beurteilten sie im übrigen danach, wie sie eben als Pauker waren.

Wir Schüler: Ich weiß ja nicht, wie es andernorts war, aber bei uns gab es keine fanatische, keine passionierte, keine heftige Jugend Hitlers. Sie alle machten eben mit, lustlos einige, lustvoll andere, gleichgültig viele, manche waren „Führer" und zierten ihre Uniform mit einer Schnur. Wenn einer aber sich schwertat mit dem „Dienst", etwa den Heimatabend schwänzte oder seinen Sonntag für sich allein haben wollte, dann verlor er erst sein Halstuch (weithin sichtbares Schandmal, der leere Fleck), flog dann heraus aus seiner sogenannten Einheit. Die Klassengemeinschaft aber rührte das nicht. Man versuchte, dem Staat zu geben, was des Staates war (was er jedenfalls einforderte), und war im übrigen privat. Diese Jugend hatte ihre offizielle Hymne, – ich habe nie erlebt, daß sie nach Text und Melodie je wirklich gesungen wurde, wir stockten und kippten dann ab: „Unsere Fahne flattert uns voran . . ." so der Refrain. Auch der Sohn des Gauleiters und der des Kreisleiters und Oberbürgermeisters wußten es nicht besser, sie waren für einige Jahre meine Klassenkameraden, ganz nette Jungs und (obwohl es heute billig klingt, aber es ist nun einmal die Wahrheit:) recht dumm.

Was freilich „Widerstand" bedeutete, das wußten wir nicht, wollten es nicht wissen, ahnten es kaum. Und was aus ihren jüdischen Kollegen und Mitbürgern geworden war, das behielten die Eltern schön für sich. Sofern sie nicht auf Führers Fahne schworen, tarnten sie sich, – tarnten sich so perfekt, daß die Tarnung schon kaum mehr zu unterscheiden war von der durch sie zu schützenden Substanz.

Es ist oft notiert worden, daß 1939 keine kriegsbegeisterte Jugend zu den Waffen strömte. Das ist wahr, damals schon war es vielfach vorbei mit der völkischen Begeisterung, – und was die Jugend angeht, so war sie im Gegensatz zur offiziellen Lesart früh müde geworden, der dumpfe Rhythmus der Landsknechtstrommeln, die uns den Marsch wummerten, klang vielen nicht gut in den Ohren. Damals habe ich meine erste Urkundenfälschung begangen, habe ich in der Handschrift meiner Mutter den Hitlerjungen P. W. von der Teilnahme am Heimabend befreit, „weil er zum Röntgen muß". Das klang angestrengt und überzeugend, – nur: warum wohl die Eltern solche Entscheidung nicht autorisierten? Sie retteten sich in Lebensweisheiten, die sie mit Moral verwechselten, und der Großvater, er war Jurist, belehrte mich: Wer die Macht hat, hat das Recht.

Immerhin, man bestimmte mir als Klavierlehrerin Frau Lamm-Nathansen, das geschah eher um ihret- als um meinetwillen, der ich ein Instrumentenstümper war und blieb. Auch scheint es, als habe ich mich nicht gewundert, daß die Lehrerin eines Tages wechselte.

Hart wie Kruppstahl, zäh wie Leder, schnell wie die Windhunde? Dieses Postulat aus der bilderreichen Rhetorik ihres Führers hat meine Jugend müde ignoriert. Wir waren eher lahm. Das allerdings durfte man gewiß nicht Widerstand nennen, allenfalls Opposition und Reaktion, man kann Entsprechendes bei Kempowski nachlesen aus seiner und seines Bruders Jugendzeit. Wir schätzten den Friseur, der uns mit einem „Salonschnitt" versah, – lange Haare „wie ein Kommunist!" sagte mein Onkel, das war das Schlimmste, man ließ es sich gerne gefallen, obschon man kaum wußte, was denn ein Kommunist war. Wir hielten wenig von körperlicher Ertüchtigung und empfanden die Turnstunde eher als unbequem.

Ein merkwürdiges Ensemble: Lehrer mit dem Braunhemd unter dem Bratenrock, mit Parteiabzeichen und markigen Reden, Lehrer als SA-Mitglieder und Parteigenossen: ihre Schüler nahmen das alles träge hin wie naturgegeben und taten ihren „Dienst" als schicksalsbestimmt – und suchten, wie nicht selten in der deutschen Geschichte, ihre Freiheit auf leise Weise, nämlich im „Weg nach Innen". Wir lasen Bergengruen (‚Der Großtyrann und das Gericht') und Ernst Jüngers ‚Mamorklippen' und Stefan George, diskutierten solche Texte konspirativ mit dem bewunderten Pastor, der uns konfirmierte. Aus dem gleichen Mangelgefühl und Kompensationsdrang schwärmten wir für Rosita Serrano und für die Big Band von Jack Hilton oder Teddy Stauffer oder Will Glahé und strebten, ein Stenz zu sein, und liefen blind in jedes Kino, wo nämlich Menschen agierten, die nie „Heil Hitler" sagten. Peter Igelhoff, der schnellzungige, sang uns zu seinem Klavier die plappernde Bekenntnis-Melodie dieser geduckten Nation in der Nation: „In meiner Badewanne bin ich Kapitän . . .": gewissermaßen die Banalform eines Credos der „Inneren Emigration".

Wir gruben uns auch auf andere Weise unsere Tunnel in das, was wir wohl als Freiheit verstanden. Kletterten nachts aus dem Schlafzimmer-Fenster und machten uns, sechzehnjährig, auf den Weg in das Wiener Café oder ins Café Wegmann. Adressen, die wenig mit einem Café zu tun, aber den verwegenen Ruf von Nachtlokalen hatten. Den Eintritt verdankten wir unserem Klassenkameraden Alfred, der sich durch die Eigentümlichkeit auszeichnete, daß er schon als Quartaner sich rasieren mußte. Eine hormonelle Frühsteuerung, die wir uns bedenklich mit seiner Herkunft erklärten, war er doch als Sohn eines Missionars in China geboren.

So erlebten wir dann tolle Nächte, tranken ein Gläschen Likör oder auch zwei, vom Kellner widerwillig-mißtrauisch angebracht, und wenn wir großen Mut hatten, dann wagten wir uns in Kiels feinste Nachtbar, sie hieß „Halali" und hatte unter anderem den Nachteil, daß dort die Marinefähnriche dominierten und uns banalen Gymnasiasten bei den umworbenen Lyzeumsmädchen nicht die geringste Chance ließen.

Was nun meine Klasse und meine Freunde in ihr betrifft: Nein, „der Beste" war ich nie, immer war einer besser, Lohmeyer zum Beispiel, oder Laux, und im Sport war ich eine mittlere Flasche, in der Mathematik ein Versager. Meine Feder allerdings hatte in der Klasse eine gewisse Reputation, und so heuerten mich denn die Kameraden an, wenn es galt, einen Hausaufsatz zu schreiben, und entlohnten mich in Naturalien: So Asse zum Beispiel, der mich mit einem Abendessen in hungernder Zeit belohnte, es gab Schwarzbrot und Bückling darauf, auch wies er mit allgemeinen Wendungen auf die Reize seiner etwa gleichaltrigen Schwester hin. Sie mögen bedeutend gewesen sein, ich hatte indes nur unklare Vorstellungen von dem Glück, das sich mit dergleichen verbinden ließ, wir waren eine langsame Generation. Die übrigens auch vom Tanzen nicht viel hielt, ab und an ein Hausball, ein eher nüchternes Ereignis, und die Tanzstunde im Institut des Ehepaars Gemind in der Holtenauer Straße (Kiels Erste Adresse auf diesem Parkett) war eher eine bürgerliche Pflichtstation als Ausdruck von in Bewegung umgesetzten Gefühlsenergien. Da standen wir, artig aufgereiht, und die Jungens hatten weiße Zwirnhandschuhe an und waren auch sonst adrett angezogen, zirkelten Lancier und Menuettwalzer und Polka und Foxtrott. Foxtrott, der schien uns fast schon wie Jazz, und Jazz hatte den magischen Reiz der „Negermusik“, – uns, die wir zu anderer Stunde mit Koppel und Fahrtenmesser Geländespiele absolvierten und exerzierend unsere zackigen Wendungen machten auf rauh gebrüllte Kommandos hin.

Die gleiche Hitler-Jugend aber veranstaltete auch ihre Tennis-Meisterschaften auf den Plätzen am feinen Carolinenweg, da trug man strahlendes Weiß und gar die Hose lang wie Gottfried von Cramm, Gerd Laage machte bella figura und spielte lässig mit den begehrenswertesten Mädchen, für mich reichte es nur zum Platz auf der hohen Schiedsrichterleiter. Eine Enklave, braun war in ihr nur die Asche des Platzes.

Ob es je gelingen wird, einer späteren Generation klar zu machen, daß es ein Stück persönliche Bewährung, ja, so etwas wie privates Heldentum war, wenn man in den Bäckerladen ging und „Guten Morgen!“ grüßte? Denn an den Ladentüren mahnte den Kunden ein Schild, das sagte: „Trittst Du hier als Deutscher ein/ Soll Dein Gruß Heil Hitler sein!“ Ein Held war auch, wer auf der Straße den Hut lüftete statt – was aus vielen Gründen bequemer war – den rechten Arm zu recken.

Ich rede von meiner Schulzeit, und Schulzeit ist Kinderzeit. Auf der Universität, die im Kriege nahezu frei von Männern war, haben sich Widerstand und Aufbegehren wohl gelegentlich intelligent und moralisch artikuliert, – in kleinen Zellen freilich nur. Wie klein, mag man daraus erkennen, daß nach der Tat der Geschwister Scholl und ihrer Freunde „die Münchener Studentenschaft“ den ekelhaften Hetzworten des triumphierenden Gauleiters blutrünstigen Beifall zubrüllte. So jedenfalls hat man es mir berichtet damals.

Damals: das ist nun lange her und ist nie vorbei. Rührend fast, daß wir einmal glaubten, es lasse sich diese Art von Vergangenheit „bewältigen", solange noch die Generationen leben, die diese Vergangenheit waren, die diese Vergangenheit sind.

Das Bild der Oberprima A des Staatlichen Gymnasiums zu Kiel – Alte Kieler Gelehrten-Schule – aus dem Sommer 1940 ist ein finales Dokument. Alle diese 18jährigen tragen, wie man sieht, Erwachsenen-Kleidung (auch Hüte übrigens, richtige Herrenfilzhüte mit Ripsband und Krempe scheuten wir nicht). Das war die Flucht ins Zivile. Im Zentrum halbrechts: der Klassenlehrer Studienrat Erich Raabe (Französisch, Geographie, Leibesübungen), das Parteiabzeichen im Knopfloch, ein wunderlicher Kauz voll ärgerlicher Marotten, aber ein redlicher Mensch, trotz allem. Ein halbes Jahr später war er dann wohl der einzige, der noch Zivil trug. Uns anderen aber sangen von fernher die Stimmen der Heimat sentimentalen Trost oder kämpferische Ermutigung zu: Ein Baß mit Namen Strienz ließ alle Sonnabende lügenselig „Glocken der Heimat . . .!" klingen, jeweils zum Ende des sogenannten ‚Wunschkonzerts'. (Es handelte sich dabei um ein Lieblingslied meiner Schwester Marianne, und wer sie zu Tränen ärgern wollte – ich wollte oft –, schraubte heimlich just in jenem bombastisch-rührenden Moment die Sicherung heraus, – kein Strienz mehr weit und breit, statt dessen stumme, öde Realität).

Am Montagabend dann, weniger markig-federnd, ein Bariton namens Sven Olof Sandberg. (Ach, warum behält man dergleichen, Namen etwa wie diesen, und vergißt so vieles, das man doch besser festhalten sollte.) Der sang „Und wieder geht ein schöner Tag zu Ende, voller Glück und voller Sonnenschein". Wieder dieser Meltau von Lüge, über die Welt gebreitet, damals gingen die Tage zu Ende und brachen Nächte an, die eben voll nur waren von Unglück und Tod und Elend und tonloser Verzweiflung. Aber wir sangen hoffnungsverliebt auch den Schlager „Wenn die Lichter wieder scheinen/und wir wieder unsern kleinen/Bummel durch die hellen Straßen machen/werden wir lachen/und werden wir weinen . . .". Wenn in solches Konzert rauchige Frauenstimmen wie die der Lale Andersen oder der Zarah Leander melancholisch und satt von Tränen sich einmischten, dann war auch das eine sehr merkwürdige Konzession der zynischen Obrigkeit an das Moment des Sentimentalen, das augenblicksweise nahezu den Schein des Defätismus zuließ, und es tat in einer Art Ventilfunktion, – eben um die Sache selbst zu verhindern. Kriege brauchen Musik. „Wir zogen in das Feld . . .". Uns mußten also nun die

Ohren klingen, klingen von überallher und überallhin, „. . . zu Wasser, zu Lande, in der Luft . . .“.

Fünf Jahre später hätte ein Photobild allenfalls noch die Hälfte dieser Gruppe aufnehmen können. Das war, als Marlene Dietrich sang: Von den Blumen und den Mädchen und den Männern, wo sind sie geblieben; und: „Wann wird man je verstehn . . .“

Kinderlandverschickung (1941/42)

Claus Plambeck

Ich habe von 1935 bis 1943 die Sternschule besucht. Auch auf der Humboldt-Schule bin ich kurz gewesen, weil unsere Schule gleich 1939 ausgelagert wurde. Wir haben sie immer ‚Strohdachgymnasium' genannt, denn hinter der Humboldt-Schule zum Schrevenpark hin stand ein altes Reetdachgebäude. Wir haben uns immer einen Spaß daraus gemacht, zu sagen, „wir gehen jetzt aufs Gymnasium".

Wenn wir Unterricht hatten, und es gab Fliegeralarm, mußten wir immer in den Keller der Schule gehen. Ich glaube allerdings nicht, daß es dort besonders sicher war. Als es dann mit den Luftangriffen immer schlimmer wurde, kamen wir in die KLV. Im April 1941 ging's los nach Baabe auf Rügen.

In den KLV-Lagern ging es meistens folgendermaßen zu: um 7 Uhr Wecken, 8 Uhr Kaffeetrinken, dann bis zum Mittag Unterricht in der Schule, denn unser Klassenlehrer Herr Nerong war mitgekommen. Der war damals schon ziemlich betagt. Nach dem Mittagessen erstmal Bettruhe bis 15.30 Uhr und nachmittags das Obligatorische von der Hitlerjugend aus.

Ein Jungscharführer hat mit uns Dienst gemacht, d. h. exerzieren usw. Aber wir haben diese jungen Leute hingekriegt, so daß sie mit uns nachher Sport getrieben haben, z. B. Fußball und Handball gespielt. Im Unterricht selbst hatten die von der HJ nichts zu melden. Das war Sache der Lehrer, und die ließen sich da auch nichts sagen.

In Baabe auf Rügen wurden wir in einer Pension in Zweibettzimmern untergebracht. Da es dort keine Heizungen gab, wurden wir im September umquartiert. Vorher sind wir aber noch eine Woche ‚runter' nach Wien gefahren. Dort konnten wir die Sehenswürdigkeiten, das Schloß und Belvedere besichtigen. Auch konnten wir einen langen Praterbummel unternehmen.

Anschließend kamen wir nach Laa an der Taya. Das ist in der Nähe der tschechischen Grenze. Auch dort wurden wir in einem Hotel untergebracht, aber diesmal in einem mit Heizung. Außer unserer Klasse war sonst keiner dort in der KLV. Es war wirklich eine gottverlassene Gegend, und wir dachten, hier sei die Welt zu Ende.

Es gab dort einige Probleme mit den tschechischen Jungs, die einige von uns verprügelt haben, so daß wir die Pimpfenuniform nicht mehr in der Öffentlichkeit tragen durften.

Weihnachten waren wir zum Glück wieder zu Hause. Aber erst mußten die Eltern ihre Einwilligung geben, daß wir zurück nach Kiel fahren durften. Sonst wären wir wieder weitergereicht worden. Ich habe meinen Eltern immer geschrieben: „Schickt doch endlich die Einwilligung. Die warten hier darauf!" Aber mein Vater hat sich wohl einen Spaß daraus gemacht, mich ein bißchen schmoren zu lassen.

Ich war damals etwa 12 Jahre alt, aber richtiges Heimweh habe ich nie gehabt. Bei einigen anderen war das ziemlich schlimm, aber sie haben es dann irgendwann auch überwunden. Als es 1942 hieß: „Es geht wieder in die KLV", war ich auch gleich wieder Feuer und Flamme. Diesmal ging's nach Lunz am See in Niederösterreich. Wir bezogen ein Schloß. Das war natürlich sehr vornehm. Die Verpflegung war dort auch sehr gut, denn wir hatten eine gute Köchin, die wir immer Tante Elsa genannt haben. Außer uns war noch eine Klasse aus der Gerhardschule im Schloß einquartiert, die Jungen waren allerdings zwei Jahre jünger als wir.

Wir hatten dort einen Ersatzlehrer, und zwar einen Franzosen aus dem Elsaß, Herrn Pierson, der immer morgens, wenn es zu kalt war, um im Klassenraum zu sitzen, mit uns zum Kräutersammeln in die Berge gegangen ist. Auf dem Schloß gab es einen großen Boden, auf dem wir die Kräuter ausgebreitet haben. Es hat uns sehr viel Spaß gemacht, und wir haben sogar einen ersten Platz damit gewonnen, denn wir hatten immerhin 60 kg getrocknete Heilkräuter gesammelt.

Auf dem See bei dem Schloß haben wir richtige Seeschlachten durchgeführt. Wir haben uns Ruderboote besorgt, indem wir irgendwelche alten Kähne wieder flottgemacht haben. Und dann ging es los gegen eine andere Klasse, die über einen Bootsverleih zu Booten gekommen war.

Aber auch in Lunz gab es keine Heizungen, so daß wir wieder weitergeschickt wurden, diesmal nach Gresten/Niederdonau. Auch dort kamen wir wieder in ein Hotel. Hier hatten wir einen Jungscharführer, der für uns sehr aktiv war und zwar insofern, als er mit uns keinen Dienst gemacht hat, sondern zu den Bauern gegangen ist, um denen bei der Ernte zu helfen.

Mir hat die ganze Zeit sehr viel Spaß gemacht, und außerdem haben wir auch eine ganze Menge zu sehen bekommen. Wir waren ja richtige Jungs, eigentlich eine richtige Rasselbande, und die muß natürlich beschäftigt werden. Streiche haben wir natürlich auch einige gemacht. Ich habe beispielsweise einmal in Lunz den anderen erzählt, heute nacht gäbe es eine Mondfinsternis. Dann haben wir uns abends aus dem Haus geschlichen, denn es durfte ja keiner wissen, daß wir nachts noch unterwegs waren, und saßen die ganze Nacht draußen und haben auf die Mondfinsternis gewartet, bis einer kam, der meinte: „Die Mondfinsternis ist doch erst morgen.“ Die anderen waren ganz schön wütend auf mich, aber ich habe immer gesagt: „Was wollt ihr denn, ist doch ein schönes Erlebnis, so nachts hier draußen zu sitzen.“

Das Steckenpferd von unserem Klassenlehrer Herrn Nerong war Geschichte, und er hatte einen richtigen Tick. Zu unserer Zeit befanden sich im Klassenzimmer rundherum Tafeln. Wenn er dann morgens ’reinkam, fing er an der einen Seite an zu schreiben, und wenn die Stunde zu Ende war, waren sämtliche Tafeln vollgeschrieben. Das mußten wir alles abschreiben. Er hat es dann eingesammelt und beurteilt. Anschließend mußten wir auch noch über das Thema eine Arbeit schreiben. Wir haben auf diese Weise viel gelernt.

Wenn wir im KLV-Lager waren, erhielten wir keine Zeugnisse.

Neubeginn in Hasloh (1946)

Kurt Lütjohann

Der Krieg war beendet, und unsere Welt war aus den Angeln gehoben. Wir standen vor oder zwischen Ruinen, jeder trug sein Päckchen, sichtbar oder unsichtbar.

Aber ich wollte wieder in meinen Beruf, in die Schule, wollte unterrichten, denn irgendwie mußte es doch weitergehen.

Ich bewarb mich von Hamburg aus in den Kreis Pinneberg, denn ich war trümmermüde und vom Krieg genug angeschlagen. Ganz reibungslos ging es jedoch nicht. Erst meine Zulassungsnummer der englischen Militärregierung – 312/G/736 – öffnete mir das Tor: „Zuweisung einer Planstelle in Hasloh." Ehrlich gesagt wußte ich gar nicht, wo der Ort lag. „An der AKN", erklärte man mir. Und heimlich fuhr ich hin, um die Schule zu suchen und sie mir anzusehen. Ein Rotziegelbau, schon recht betagt, drei Klassenräume hintereinander. Ein Blick durch die Scheiben verriet mehr: Uralte Schulbänke, rissige Schulwandtafeln, abgeblätterte Wände, keine Lehrmittel, kein Raumschmuck – alles spartanisch einfach! Aber verdursten würde ich hier schon nicht. Draußen an der Ecke stand eine mächtige alte Holzpumpe mit einem schweren eisernen Schwengel, auf dem Schulhof zwei gewaltige Eichen, ein kleiner Toilettenanbau, eine Müllablage und ein kleines Gärtchen, das seltsamerweise von einer Maulbeerenhecke eingefaßt war. Erst viel später erfuhr ich die Zusammenhänge! Der Garten gehörte Fräulein Götz. Die Maulbeerblätter sollten eigentlich einmal von Seidenraupen gefressen werden, die dann dafür Seidenfäden liefern sollten. Ja, so weit reichte damals unser „Autarkie-Bestreben". Nicht vergessen möchte ich den großen Schrotthaufen am Ende des Schulhofes – er war nicht mehr zum Kriegseinsatz gekommen.

Ob mich der erste Eindruck abgeschreckt hat? Nicht im geringsten! Hier waren hübsche kleine Häuser mit Vorgärten, Bauernhöfe mit Strohdächern, bestellte Felder und Kühe auf der Weide. Was besagte es schon, daß ich anfangs nach Hamburg zwischenfahren mußte. Um 5.30 Uhr brach ich damals auf, unterrichtete, aß aus meinem „Henkelmann" meinen Eintopf und fand gegen 16 Uhr vielleicht einen Platz in der von Hamsterfahrern überfüllten AKN. Gegen 18 Uhr war ich im Hause, und wenn ich selbst auch nichts mitbrachte von der Eisenbahnfahrt, so waren es zumindest einige Flöhe. Aber ich wollte und durfte unterrichten. Und vor mir saßen die Jungen und Mädchen und wollten auch wieder Unterricht haben. Wo blieben meine kühnen Pläne von einem modernen Unterricht, vom Einsatz der Lehrmittel? Alles war Utopie!

Als Herr Reich, der damalige Schulleiter, mir die Lehrmittel zeigte, wurde ich ganz still: ein halber Globus, ein halber ausgestopfter Igel mit Strohfüllung, die Stacheldecke dazu fehlte, ein dickes Klettertau, einige Reste von Landkarten, zerfetzt und durchlöchert, eine alte Rechenmaschine, der einige Kugeln und Stangen fehlten. Hatte die Schule wirklich nicht mehr vorzuweisen? Natürlich hatte sie das einmal! Aber in den Wirren der ersten Nachkriegsmonate mußte sie längere Zeit als Notunterkunft dienen. Was im Wege stand, wurde verbrannt oder zerstört. Jeder war sich selbst der Nächste. Es war buchstäblich ein Anfang beim „Stande Null".

Aber das betraf ja nur die Lehrmittel! Wie es im Schulgebäude aussah, will ich nicht verschweigen. Im Fußboden fehlten sehr viele Bretter. Wir füllten die Lücken mit Ziegelsteinen aus. Wenn es regnete, tropfte es an vielen Stellen von der Decke. Einfache Gegenmaßnahme: ausweichen, zusammenrücken und das Tropfwasser mit Konservendosen auffangen. Nur keine Panik! Die Klassentüren hatten weder Schlösser noch Griffe. Die Schließtechnik funktionierte so: linken Finger ins alte Griffloch, mit rechts einen nassen Lappen zwischen Tür und Rahmen hochschlagen und dann schnell die Tür zuziehen! Als Herr Schulrat Krohn uns einmal unangemeldet besuchte, hörte ich seinen verzweifelten Ruf vor der Tür: „Wie kommt man denn hier überhaupt rein?"

Halt – die Öfen habe ich vergessen! Massige, drohende Eisenungeheuer mit gewaltigen Kronen. Sie hatten nur einen Fehler: ihr Innenleben war defekt, die Schornsteinverbindungsrohre waren durchgerostet. Wir froren entsetzlich. Aus Trümmersteinen wurden Behelfsöfen aufgemauert. Morgens gegen fünf Uhr begann Frau Clasen den verzweifelten Kampf, mit Torfsoden den Koloß zu erwärmen: Anfangstemperatur im Unterricht 10 bis 12 Grad, gegen Mittag 14 bis 15 Grad. Wir saßen mit Mänteln, Pudelmützen und Handschuhen manchmal mit zwei Abteilungen, also mit 60 bis 70 Kindern in e i n e m Raum. Der Unterricht verlief umschichtig: Sprach eine Lehrkraft zu einer Abteilung, so hatte die andere Abteilung „Sendepause" – also Stillbeschäftigung. Aber was hieß schon Stillbeschäftigung. Wenn wir doch wenigstens Bücher gehabt hätten! Die Militärregierung verbot die Benutzung der noch vorhandenen Bücher – „Infektionsgefahr!" Neudrucke gab es noch nicht, lediglich ein Lesebuch, eine

Behelfsausgabe auf Anordnung des Britischen Oberbefehlshabers (ein Nachdruck aus dem Jahre 1928!) stand uns zur Verfügung. Dazu gab es lose gelbe Rechenzettel, die wir ständig austauschen mußten. Aber wie sollten Hausaufgaben erledigt werden, wenn keine Hefte vorhanden waren? Zeitungsränder, alte Tüten, Briefumschläge und Formulare mußten herhalten. Welch ein „Glück", als damals die alte Schmiede von Schnoor abbrannte, weil sie mit Schieferplatten gedeckt war! Großalarm für die Schuljugend: „Rettet die Platten – egal welches Format!" Wir hatten damit Schreibmaterial. Griffel waren damals Luxus, alte Nägel taten es auch.

Und die Schüler? Nahmen sie das alles so ruhig hin? Ja – und noch viel mehr! Bei jedem Wind und Wetter machten sie den langen Weg zu Fuß von Syltkuhlen oder von Schwarzenfelde und vom Blauen Vogel. Völlig durchnäßt, die aufgeweichten Schuhe aus Papierbindfäden unterm Arm, in der sogenannten Schultasche ein dickes Stück Steckrübe, so kamen sie morgens pünktlich zum Unterricht. Herr Lundig organisierte eine Milch-Spenden-Aktion bei den Bauern, und Frau Feise versuchte verzweifelt, die kalte Milch zur großen Pause schön heiß zu servieren. Was für eine Wohltat – ein Becher Vollmilch zum Frühstück! Ich selbst war manchmal ratlos, was unsere Verpflegungslage anbetraf. Es reichte ja nicht hinten und vorn – und Kohldampf tut weh! Was konnte man schon kaufen? Die Tagesration auf Marken – ⅛l Magermilch – kostete nur Pfennige. Aber mein stolzes Lehrergehalt von 238 Reichsmark im November 1946 langte nicht mal für ein Pfund Kaffee auf dem Schwarzmarkt.

Dann stand Weihnachten vor der Tür. Das wurde eine heilsame Lektion für mich! Die Kinder wollten Gedichte lernen, Weihnachtslieder singen, Weihnachtsgeschichten hören; sie wollten sogar ein Weihnachtsmärchen aufführen. Das riß auch mich mit! Wir sangen und probten und froren – aber am 22. Dezember 1946 war Schulweihnachtsfeier bei „Schadendorf". Und wieder hatte Herr Lundig durch Spenden der Bauern für jedes Kind eine Kuchentüte bereit. Wir hatten einen warmen Saal, einen Baum mit Kerzen, ein Theaterstück („Der Teufel mit den drei goldenen Haaren") – und alle ein warmes Herz!

Ich wußte, daß die großen Jungen in der nächsten Nacht unterwegs waren, um in Eidelstedt die Kohlenzüge anzuspringen, um Kohlen zu klauen, um sie heimlich im Schutz der Dunkelheit nach Hause zu fahren, damit die Familie nicht fror. Ich sah es, wenn sie im Unterricht vor Übermüdung einschliefen und störte sie nicht. Wir wußten, welche Verantwortung sie zum Teil auf ihren jungen Schultern trugen. In meiner Statistik von 1948 liest es sich so: Jedes vierte Schulkind in Hasloh lebte ohne den Vater im Haus.

Langeweile hatte damals niemand. So nebenbei sammelten wir säckeweise und blockwagenweise Blätter, Blüten, Stauden und Farnwurzeln für die pharmazeutische Industrie, sammelten während der Schulzeit Kartoffelkäfer, sammelten nachmittags für uns Getreideähren, Bucheckern und stoppelten Kartoffeln – nur um satt zu werden!

Was für ein Lichtblick, als die Schule den Auftrag bekam, eine große Küche zu erstellen. Platz war auf dem Schulhof noch reichlich vorhanden. Aber die Kochgelegenheit? Not macht erfinderisch! Irgendwo im Hasloher Wald hatten damals Soldaten eine Gulaschkanone „vergessen". Die wurde herangeholt, aufgemöbelt und von Herrn Bünner liebevoll betreut. Jetzt gab es eine Schulbespeisung. Vergessen wir nicht, daß es zum Teil auch Spenden des „Dänischen Roten Kreuzes" waren. Ich habe noch einen alten Speiseplan aufbewahrt und möchte zwei „Menü-Folgen" vorlesen:

Reis mit Früchten (Dienstag)

Reis	45 g – 158 Kal.
Zucker	45 g – 180 Kal.
Orangensaft	15 g
Obst	25 g – 55 Kal.
	393 Kal.

Milchnudeln (Mittwoch)

Krausbandnudeln	55 g – 192 Kal.
Trockenmilch	65 g – 130 Kal.
Zucker	15 g – 60 Kal.
	382 Kal.

Es ging langsam aufwärts! Am Tage der Währungsreform zahlten wir – ja, wir, die Lehrer – an 1659 Einwohner insgesamt 66360,–DM aus und kassierten auf der Gegenseite 99540,– RM – sie wurden in Milchkannen abgefahren. Aber unser Schulgebäude merkte davon nichts. Wo sollte man da auch anfangen und wo aufhören?

1839 war das alte Schulhaus entstanden (einschließlich Wohnung). Die Schule war einklassig. 1864 wurde ein Lehrerhaus gebaut, die Schule wurde zweiklassig. Nach einem Brand 1871 erfolgte ein Wiederaufbau. 1892 wurde ein weiterer Raum angebaut, die Schule wurde dreiklassig. Aber der eigentliche Altbau war inzwischen fast 80 Jahre alt. Er hatte treu gedient und wirklich ausgedient. Hätten wir damals nicht einen Bürgermeister Peter Lundig gehabt, wer weiß, wie es weitergegangen wäre. Er entwickelte Pläne, befragte Architekten, fuhr unermüdlich nach Pinneberg zur Kreisverwaltung, nach Kiel zur Landesregierung und verhandelte zäh und ausdauernd.

Er hatte nicht immer einen leichten Stand im Gemeinderat; aber vom Wege abbringen ließ er sich nie! Auch das Bauland sollte in günstiger Lage vorhanden sein. Wenn ich heute stellvertretend einen Namen nennen darf von einem damaligen Mitglied des Gemeinderates, der mit großem Eifer und Entgegenkommen für dieses kühne Projekt eintrat, so war es Wilhelm Holdorf. Die Finanzierung konnte nur ermöglicht werden von Seiten des Bauernstandes und einiger Großbetriebe in Hasloh. Auch das sollten wir heute nicht vergessen!

Dann war es endlich soweit. Am 3. Januar 1950 erfolgten die Abmessungen. Die Holzpflöcke ließen uns ahnen, welches Ausmaß die neue Schule haben würde. Am 16. Januar waren die Baugeräte da. Am 25. März, also schon nach 68 Tagen, erfolgte die Grundsteinlegung durch den Bürgermeister Lundig. Am 12. Mai 1950 war die Richtfeier. Der weitere Ausbau verzögerte sich etwas, weil die Gelder nicht flossen. Aber am 8. Januar 1952 wurde im Beisein von Minister Dr. Pagel, Regierungsschulrat Heine und Schulrat Krohn diese Schule feierlich eingeweiht.

Schulspeise

Christiana v. Barghorst

Schulspeise. Es gab sie meistens nach der dritten Stunde. Wir alle in der Klasse warteten schon seit der ersten, hoffend, daß sie heute und dieses einzige Mal vielleicht früher verteilt würde. Die Signale, daß das Essen kam, waren akustisch: Das Schlurfen von Schritten, Wortfetzen der Leute auf dem Flur. Eimer klapperten. Das wichtigste Geräusch dabei war ein dumpfer Ton und dann ein metallisches „Klick". Der Eimer mit dem heiß dampfenden Essen war vor unserer Klassentür abgestellt worden, und der Bügel klappte an den Eimerrand. Der Lehrer ließ sich davon nicht irritieren, unterbrach auf keinen Fall seinen begonnenen Satz, wollte uns zwingen, dem Unterricht weiter zu folgen. Aber um unsere Bereitschaft, ihm zuzuhören, war es geschehen. Er konnte ruhig seinen Satz zu Ende sprechen, womöglich noch einen ganzen Absatz hinzufügen, es hörte ihm keiner mehr zu. Alle dachten nur an das Essen vor der Tür. Einige bekamen weite Augen, die meisten starrten hypnotisiert auf die Türklinke, viele schluckten hungrig die Spucke herunter, die ihnen im Mund zusammenlief. Wenn es kosmische Strahlen gäbe, die gebündelte Gedanken auffangen und weiterleiten könnten, hätte sich das Aluminiumgefäß da draußen verbiegen müssen. Endlich unterbrach der Lehrer seinen Unterricht mit einem militärischen Kommando: „Futter fassen!" Die beiden Mädchen in der ersten Reihe sprangen auf, öffneten die Tür, und da stand er, der Eimer. Unsere Blicke konzentrierten sich jetzt nur auf ihn. Er wurde hereingetragen. Wir hakten das Kochgeschirr, das wir von zu Hause mitbringen mußten, vom Schulranzen ab, holten das Kombinationsbesteck – oben Löffel, unten Gabel – hervor, wickelten es aus dem Papier und waren zum Essen bereit. Einige Flüchtlingskinder hatten nur einen Teller, besaßen in den seltensten Fällen das Kombinationsbesteck. Sie benutzten einen Löffel für alles. War der Teller auch noch flach, paßte weniger Suppe hinein. Wir liehen ihnen dann den Deckel unseres Eßgeschirres. Jetzt traten die Mädchen aus der ersten Reihe nach vorne ans Pult. Der Lehrer schaufelte mit der großen Kelle das Gericht in das Gefäß. Die Menge und Konsistenz der zugeteilten Portionen war abhängig von seiner Gunst. Bei den besten Schülern rührte er umständlich auf dem Grund des Eimers herum, fuhr noch einmal mit der Kelle hinein, wenn er den Eindruck hatte, da sei trotz des Rührens zu wenig Fleisch mitgekommen. Bei den Flüchtlingskindern, die immer abgerissen und ärmlich in der Schule erschienen, obendrein ob ihrer ostischen Dialekte meistens auch noch schlechte Schüler waren, strich er mit der Kelle nur so obenhin über den Eimer, fischte sogar ein aus Versehen auf den Teller geratenes Stück Fleisch wieder zurück. Sie bekamen in erster Linie Dünnes, auch wenn es Eintopf mit viel Bohnen und etwas Fleisch gab. Bei der Schokoladensuppe konnte er nicht fischen. Aber da war die Kelle bei den Flüchtlingskindern nur dreiviertel voll, während er seine Eliteschüler noch mit einem zusätzlichen Klacks aus der Kelle bedachte. Deren Napf war oft so randvoll, daß sie ihn selten zu ihrem Sitzplatz zurückbrachten, ohne auf den Fußboden zu kleckern.

Meistens war der Schulspeiseneimer dreiviertel gefüllt und reichte gerade für alle, mitunter aber war er so gestrichen voll, daß der Lehrer schon auf der Türschwelle mit dem Austeilen begann, weil das Hereintragen das Essen zum Überschwappen gebracht hätte. Dann bekamen einige sogar noch einen Nachschlag. Erst, wenn auch die Letzten in den hinteren Pultreihen ihre Portion erhalten hatten, durften alle mit dem Essen anfangen. Dann war es minutenlang still in der Klasse. Nur das Klappern der Gabeln und Löffel auf dem Boden des Aluminiumgeschirrs war zu hören. Einige aßen schnell, hastig, waren als erste fertig, hofften auf einen Nachschlag. Andere rührten das Essen vorher um, speisten genüßlich. Sie pickten sich sorgsam zuerst die besten Sachen heraus, Rosinen oder Fleischstückchen zum Beispiel. Aber es gab auch Schülerinnen, die sich diese Köstlichkeiten bis zum Schluß aufhoben. Als Krönung der Mahlzeit lagen zuletzt drei Fleischstücke in der Mitte des leergegessenen Tellers und wurden mit einer feierlichen Bewegung in den Mund geschoben.

Von allen Kindern aß ich am langsamsten, bekam selten einen Nachschlag, weil ich gerade die Hälfte meiner ersten Portion bewältigt hatte, während die übrigen Mädchen schon längst trübe in ihre leeren Kochgeschirre blickten. Ich aß zu umständlich, mußte jeden Bissen mehrmals kauen, zum Gaudi der Klasse sogar die Suppe. Dabei hatte ich wie die anderen brüllenden Hunger. Schon in der ersten Schulstunde knurrte mein Magen so laut, daß alle lachen mußten. Ich weiß nicht warum, aber es war kompliziert für mich, die Bissen herunterzuschlucken. Deshalb nahm ich immer nur einen halben Löffel voll, wo sie einen ganzen Löffel in den Mund führten. Rasch hatte ich meinen Spitznamen weg: „Vogelpick“. Aber das langsame Essen hatte auch Vorteile. Während ich mümmelnd herumkaute, blickte ich mich in der Klasse um, sah sicher mehr als alle anderen. Das interessanteste für mich war der Lehrer beim Essen. Oft blieb mein halbvoller Löffel in der Luft stehen, weil ich so damit beschäftigt war, ihn zu beobachten. Der Lehrer – fairerweise muß ich ihm zugestehen, daß er sich nicht die größte Portion auf den Teller hieb – ließ beim Essen sein Gesicht völlig erstarren. Keine Augenbraue hob sich, kein Muskel zuckte. Nur die Nasenflügel waren breiter als sonst, er blähte sie förmlich auf. Den Oberkörper beugte er dicht über seinen Napf, den Kopf hielt er gesenkt. Die Augen stierten unbeweglich in das Kochgeschirr hinein. Die Bewegung des Armes mit der Hand und dem Löffel zum Mund waren faszinierend regelmäßig. Er klappte den Mund weit auf, schob den Löffel hinein, machte halblaut, fast gehaucht ein „hepp" mit seinen Lippen, die sich dabei schlossen. Ob Suppe oder pampiger Eintopf, immer machte er mit dem Unterkiefer nur eine einzige Kaubewegung und schluckte herunter. Alles war fließend und ohne Pause, das Eintauchen des Löffels, das Führen des vollen Löffels zum Mund, sein „hepp", das schluckende Kauen, während er wie ein Automat wieder den Löffel in seinen Topf senkte. Den Rest kratzte er aus, aber auch dies wieder auf eine bisher noch nicht gesehene Weise: Blitzschnell ratschte er mit dem Löffel kreuz und quer über den Boden seines Kochgeschirres, so daß kleine Karos entstanden und er mit einem Rundschwenk noch das letzte Quentchen Nahrung mitbekam. Bis zu diesem Zeitpunkt sah er niemals von seinem Topf auf, ließ sich durch kein Wort und kein Geräusch in seiner hungrigen Gier stören. Dadurch konnten wir auch jedesmal unser infames Spiel mit der dicken Elvira treiben. Es ekelte sie an, wenn jemand mit seinem angeleckten Löffel in ihr Kochgeschirr fuhr. Danach mochte sie nicht mehr weiteressen und schob den Topf angewidert von sich. Bei der ersten Gelegenheit benetzte eine von uns ihren Löffel mit recht viel Spucke und tauchte ihn in Elviras Portion. Augenblicklich lehnte sie sich aufgebracht zurück und legte das Eßbesteck wütend neben den Topf. Ihren Rest haben sich dann mehrere Mädchen geteilt.

Wenn über die eine Portion Schulspeise hinaus auch noch ein Nachschlag verteilt wurde, in seltenen Fällen sogar zwei Eimer für jede Klasse vor der Tür standen, hingen nach der fünften Schulstunde mindestens zehn Kinder über den zerbrochenen Klobecken und übergaben sich. Unser Inneres konnte die unerwartete Menge einfach nicht verkraften. So langsam ich beim Essen selbst war, beim Protest war mein Magen unheimlich schnell. Eben noch das glückliche Gefühl der Sätte im Bauch, begannen meine Därme in der vierten Stunde gereizt zu rumoren. Ich drückte mit den Unterarmen auf den Magen, holte tief Luft, setzte mich gerade, hoffte mit diesen Maßnahmen die drückende

Menge besser zu verteilen. Mir war nicht übel, nur so merkwürdig verschwommen. Der Druck wurde stärker, zog sich bis zum Brustbein, mein Herz begann hektisch zu klopfen. Wenn es so weit gekommen war, hatte ich keine Hoffnung mehr, die Stunde heil zu überstehen. Ich meldete mich zur Toilette ab, erhielt die Erlaubnis zu verschwinden, drängte mich aus meinem Pult, und erst in diesem Moment wurde mir richtig schlecht. Während bei den anderen Mädchen der saure Speichel langsam und bedrohlich im Munde zusammenlief und das unvermeidbare Erbrechen ankündigte, schoß er mir ruckartig unter die Zunge. Sofort schleuderte mein Magen den Nachschlag wie vom Katapult abgeschossen hinterher. Ich schaffte es meistens gerade noch, mir den Mund zuzuhalten, von hinten durch die Klasse zur Tür zu hetzen, die Türklinke herunterzudrücken. Aber schon auf der Türschwelle quoll mir der unverdaute Brei durch die Finger. Der Lehrer fluchte, die Klasse johlte. Ich versuchte mit riesigen Sätzen doch noch zur Toilette zu kommen, aber bereits nach einigen Metern gab ich auf: Laufen und Speien zugleich war unmöglich. Hinter mir, um mich herum stank eine ekelhafte Spur von Erbrochenem. Abgesehen von den Blitzreaktionen meines Magens aber war das Erbrechen bei uns ein allgemeines Problem. Wir gewöhnten uns an, den Nachschlag sehr langsam und vorsichtig zu essen, einige nahmen ihn sich einfach im Kochgeschirr mit nach Hause.

Schulspeise. Das war für einige Kinder die einzige warme Mahlzeit am Tag, für etliche das erste Essen, denn das Frühstück fiel wegen der schlechten Versorgungslage oft genug aus. Die meisten von uns waren immer hungrig, vielen fehlte das Pausenbrot. Durch die Unterernährung wurden wir andauernd krank, es fror uns ständig. Typhus, Lungenentzündung und Tuberkulose packten die schwächsten Kinder, Schnupfen, Fieber, Blasenkatarrh, Mittelohrentzündung und Husten hatten fast alle. Es war auch in der Schule bitterkalt. Die Klassenräume waren kaum geheizt. Wir behielten die Mäntel an, trugen oft genug zwei lange Hosen übereinander. Weh denen, die nur eine Hose hatten.

Die Kälte ist wie ein Tier, das an uns emporkriecht. Sie beginnt immer mit eisig kalten Füßen. Wir biegen die Zehen, reiben die Hacken aneinander, bewegen die Füße auf und ab. Es hilft nichts. Der Frostschmerz läßt die Zehen erstarren. Das Tier kriecht ganz langsam die Waden empor, erreicht den Unterleib, läßt die Blase bellend aufschmerzen, rieselt schauernd den Rücken hoch, erreicht die Schulterblätter, die Oberarme. Durch die Klasse geht das trockene Husten, das Schniefen und Schnauben, das hilflose Trappeln mit den Füßen, um wenigstens sie wieder warm zu bekommen. Die Hände sind das Letzte, das das Tier erreicht. Wir haben sie in die Taschen gesteckt, zwischen die Knie gepreßt und gerieben, unter die Achseln geschoben, um sie warm zu halten, aber das zögert den Sieg der Kälte nur heraus.

„Wer keine kalten Finger haben will, muß die Faust ballen", philosophiert der Lehrer, wenn wir klagen. Er behauptet, dies ist nicht nur ein Spruch gegen Kälte, sondern eine Weisheit für das ganze Leben. Sie hält nicht, was sie verspricht, diese Weisheit, vor allem wenn wir schreiben müssen. Unsere Finger sind rasch wieder so klamm, daß wir den Federhalter nicht führen können, krakelige, übergroße Buchstaben auf das Papier kratzen, die Feder verbiegen, weil wir kein Feingefühl mehr haben. Trotzdem diktiert er Zeile um Zeile. Wir sitzen, die linke Faust mit der Lebensweisheit geballt, die rechte Hand vom Frost steif. Aus unseren Mündern kommt rauhreifiger Atem, bis die Fenster beschlagen. Viele von uns weinen vor Kälte und Schmerzen.

Herrlich die Tage, an denen der Unterricht ausfällt, weil überhaupt kein Heizmaterial mehr vorhanden ist. Dann bekommen wir schon am Schultor einen Schlag Schulspeise in unser Eßgeschirr und dürfen wieder nach Hause laufen. Entsetzlich quälend jene Schulstunden, für die noch gerade genug Kohlen gefunden werden, daß man uns zum Unterricht zwingen kann.

Schulspeise. Eben noch steifgefroren und hungrig, jetzt mit warmen Füßen und dem Gefühl wohliger Sätte. Es hüllt uns alle ein, läßt unsere Blicke träge und zufrieden werden. Keiner hört dem Lehrer zu. Wir genießen nachschmeckend unser Behagen, vergessen die vergangenen drei Stunden, freuen uns auf das Essen von Morgen, das herrliche Gefühl von Wärme und körperlicher Zufriedenheit. Noch einmal: Den Amerikanern und Schweden sei Dank.

„Kinnerfest ward wedder fieert!“ (1947)

Willi Rönnau

Ik wär tein Johr olt un mit eendusendachthunnert (1800!) anner Kinner in de ole Willeminenschool. Söbentig in uns Klass! Dat wär 1947. Een Johr erst wär dat her, dat wi wedder in de School güngen. Vun de Kapitulatschon 1945 bit Fröhjohr 1946 wär dat Gebüüd Lazarett. An Schoolünnericht ni to denken.

Noch kreegen wi Schoolspiesung, Brot un Supp, tominst all' dejenigen, de nix op de Ripp'n harrn. Un dat wär bi de meisten so. Trotzdem harrn wi Görn so dat Geföhl, as op dat opwarts gohn schull. Ni blots, dat wi nich mehr so veel mit'n Schach op'n Mors kreegen as vörher; ok sonst dünn sik eeniges. Vertellt wör sogor dorvun, dat de School utbuut warrn schull (güng een Johr loter los).

Kort vör de Sommerferien 1947 krakeel' dat dörch alle Klassen: „Kinnerfest ward wedder fieert!“ Wi harrn schon veel vun düt grötste Fest in Preetz hört, blots belevt harr dat noch keen vun uns. Mannomann, wat wärn wi feverig! Uns Lehrerin füng an, uns de olen Volkstänze intostudeern, „Wenn hier een Pott vull Bohnen steiht . . .“ un anneret.

Miene Modder as Kriegerwitwe un annere Öllern wärn gorni so begeistert as wi. „Jung, wat schall ik di denn so antrecken? Un diene Schoo sünd ok all' dörchlatscht.“ Ober dann hett se sik an de ole Neihmoschin' sett – un schon harr ik 'ne niege Büx un een smucket wittet Hemd för dat grote Ereegnis.

Dat begünn schon eenen Obend vörher mit'n „Zapfenstreich“. Op'n Schoolhoff stellten sik de Speelmannstoch vun de Friee Turnerschaft Preetz un de Bloskapell vun Fritz Lilienthal un Lüttenborg op – een poor Johr loter dat PTSV-Blasorchester „Preetzer-Jungs“ –, un aff güng dat mit Tschingderassabum dörch de Stroten. Achteran müssen wi fröh in de Puch; denn morgens wär schon in alle Herrgottsfröh dat Wecken dörch de Muskanten un dat Antreten op'n Schoolhoff. Wat een Bild! Rutputzt wärn wi Görn, mehr as to Wiehnachten. Wi mit de (noch) witte Büx, de Deerns mit smucke Kleeder un mit Blomen öber de Zöpfe. Dorbi ok de Kinner vun de Mittelschool. So an de 2700 wärn wi. To veert in eene Reeg müssen wi uns opstelln. Links und rechts de Jungs, de öber de twee Deerns in de Mitt eenen Blomenbügel holen müssen.

Kuum een Preetzer, de sik vör düssen groten Dag nich frienohmen harr vun siene Arbeit. Ok de meisten Geschäfte möken fröh dicht. Jedeen Preetzer wull dorbi sien bi düt grötste Volksfest in de Stadt.

Ganz vörn stünn de längsten Schöler mit dat Stadtwappen, twee annere mit de Landes- und de Bundesfohn'. Glieks dorachter heev Kopellmeister Paul Zeidler siene Klorinett, und aff morscheert de lange, lange Toch. Dusende Preetzer un Butenpreetzer süümten de Stroten. Wi morscheerten mit fief Kapellen bit no dat Klostertor un trüch öbern Markt no'n Schüttenplatz. Dor un in'n Wehrbarg wärn de Speele, wieldessen de Muskanten in ehre Trumpeten pusteten un de Trummeln neihten.

Schon bald säh man de ersten mit Schärpe oder Krone. Dat wärn de, de am besten smieten, scheeten, balanceern oder kegeln kunnen. Se wärn de „Könige". Wer nix to dohn harr, flaneerte dörch dat Gelände, keek to, hörte sik de Musik an oder köff' sik een Iis. Dat geev dat sogor ohne Zuckermarken. Een Johr loter, vör uns dormols noch ünvorstellbar, gääv dat sogor Bananen to köpen! Un Appelsinen! Un Brotwüss ohne Fleeschmarken!

Jungedi, wat wär dat vör een Dag! Nömiddags morscheerten wi to'n drütten Möl dörch de Stadt, de „Könige" stolt vöran. Un denn aff in de Lokole to'n Kinnerdanz, to Kaffee un Koken oder to'n Iislecken. Miene Klass' harr 1947 ehren Danz in't Café Eichstädt in de Kührener Stroot. Links seeten wi rutstaffeerten Bubis, op de anner Siet de Deerns. Wi Jungs wär'n am leevsten utneiht, ober uns' Lehrerin harr uns bannig in'n Griff. So'n lütt beten wärn wi Knoben ober ok all niegeerig op de Deerns. De ersten Geföhle röhrten sik. An'n nexten Dag hööß dat dann: „Weeßst du schon? Anneliese geiht mit Helmut, Karin mit Günter!" Ober veel anstell'n kunn wi mit de „Wieber" eegentli noch nich. De kunn jo noch nich eenmal richti Football speel'n.

Naja. Obens jedenfalls wär dat Fest to Enn för uns. Modder nahm uns an de Hand. Aff no Huus. Ober för de Grooten wär dat Fest noch lang ni lopen. Se dröpen sik to'n Danz. Un wo öberall: Schüttenhoff, Café Eichstädt, Seeblick, Düütsche Wacht, Stadt Hamborg, Drillers, Stadt Kiel, Stadtcafé, Wienbarg. Wenn se morgens no Huus kämen, wärn wi in uns Drööm schon bi de Priesverdeelung. Dolle Soken kunn man mit no Huus nehmen. Sogor Füllhalter geev dat schon to gewinnen. Kuum to glöben, wiel wi all doch noch mit'n Fedderhalter öber dat ruge Papeer kratzten. No de Priesverdeelung wär erstmol Schluß mit de School. De Sommerferien begünnen . . . Sommer? Wo veele vun uns kunn'n nich an'n Strand as hüüt. Wi müssen los to'n Röbentrecken, to'n Arfen- un Kornsammeln. Un in de Harvstferien güng dat aff to'n Kantüffelhacken, to'n Kastangel- und Bookekkernsammeln.

Quellenangaben und biographische Daten

Klaus Harms: *Schule in St. Michaelisdonn (um 1784)*

Aus „Lebensbeschreibung, verfasset von ihm selber", Kiel 1851.

Klaus Harms wurde am 25. 5. 1778 in Fahrstedt in Süderdithmarschen als Sohn eines Müllers geboren. Er war zunächst in der Mühle seines Vaters beschäftigt, nach dessen Tode arbeitete er für kurze Zeit als Knecht bei einem Bauern. Nach dem Besuch der Meldorfer Gelehrtenschule studierte er von 1799 bis 1802 in Kiel Theologie. Er arbeitete einige Jahre als Hauslehrer, bevor er Pastor in Lunden wurde. 1816 wurde er 2. Pastor an St. Nikolai in Kiel, 1835 Hauptpastor und Propst, 1849 mußte er sein Amt wegen Erblindung aufgeben.

Klaus Harms wird als einer der Kirchenväter Schleswig-Holsteins bezeichnet. Am meisten haben dazu seine Predigten beigetragen, die immer wieder gedruckt worden sind. Seine 95 Thesen, die er 1817 zusammen mit Luthers 95 Thesen herausgab, waren eine scharfe Absage an den Rationalismus jener Zeit und ein Ruf zurück zur Reformation. Er starb am 1. 2. 1855 in Kiel.

Georg Friedrich Schumacher: *Einkünfte des Rektors an der Bürgerschule in Wilster (1796)*

Aus „Genrebilder aus dem Leben eines siebenzigjährigen Schulmannes, ernsten und humoristischen Inhalts; oder: Beiträge zur Geschichte der Sitten und des Geistes seiner Zeit", Schleswig 1841, Druck und Verlag des Taubstummen-Instituts. Als Nachdruck 1983 in Flensburg vom Deutschen Grenzverein e. V. in Zusammenarbeit mit der Gesellschaft für Flensburger Stadtgeschichte herausgegeben.

Georg Friedrich Schumacher wurde am 19. 12. 1771 in Altona als Sohn eines Kaufmannes geboren. Er verlor früh seinen Vater und wuchs in finanziell bedrängten Verhältnissen auf. Er besuchte das Christianeum, die Altonaer Gelehrtenschule, danach studierte er in Kiel Theologie. Er wurde zunächst Hauslehrer, 1796 dann Rektor der Bürgerschule in Wilster. 1798 ging er als Konrektor nach Husum, 1802 wechselte er an die Schleswiger Domschule, dessen Rektor er 1820 wurde. Georg Friedrich Schumacher starb am 2. 4. 1852.

Hinrich Jargstorff: *Umsingen (um 1806)*

Aus seiner „Biographie", zum Teil abgedruckt in „Die Heimat", 5 und 11, 1984, mit freundlicher Genehmigung von Herrn Prof. Hans Jargstorf, Oldenburg.

Hinrich Jargstorff wurde am 20. 2. 1800 in Willenscharen bei Kellinghusen als Sohn eines Bauern geboren. Nachdem er längere Zeit in der Landwirtschaft gearbeitet hatte, entschloß er sich, Lehrer zu werden. Er besuchte von 1826 bis 1827 das Lehrerseminar in Tondern und wurde später Lehrer auf Gut Damp. Dieses Amt hielt er bis 1870 inne. Das genaue Sterbedatum von Hinrich Jargstorff ist nicht bekannt. Seine Biographie schließt mit seiner Pensionierung im 70. Lebensjahr. Danach soll er noch einige Jahre gelebt haben.

Friedrich Hebbel: *Klippschule in Wesselburen (1817)*

Aus „Erzählungen und Novellen", 1855.

Friedrich Hebbel wurde am 18. 3. 1813 in Wesselburen in Dithmarschen als Sohn eines armen Maurers geboren. Während seiner Jugend verkümmerte er in einem kläglichen Schreiberposten. 1835 siedelte er nach Hamburg über, wo er sich mit Hilfe der Schriftstellerin Amalie Schoppe und der Putzmacherin Elise Lensing auf den Besuch der Universität (Heidelberg, München) vorbereiten konnte. Nach seiner Rückkehr nach Hamburg 1839 begann er seine ersten Dramen zu schreiben. Ein Stipendium des dänischen Königs erlaubte ihm Studienreisen nach Paris und Italien. Auf der Rückreise blieb er in Wien, wo er zu seiner größten Schaffenskraft fand. Er starb dort am 13. 12. 1863.

Friedrich Hebbel ist einer der bedeutendsten Dramatiker des 19. Jahrhunderts.

K. (unbekannt): *Dorfschule um 1830*

Der unbekannt gebliebene Autor veröffentlichte diesen Artikel unter der Überschrift „Jugenderinnerungen eines Lehrers" im Schleswig-Holsteinischen Schulblatt, 17, 1855, S. 443–453. Der Artikel wurde gekürzt.

Christian Hinrich Eckermann: *Op de Elementarschol in Elmshorn (1842)*

Aus „As ik so'n Jung weer", Druck von Diedr. Soltau, Norden 1906. Als Nachdruck 1984 beim Verlag der Buchhandlung J. M. Groth, Elmshorn, erschienen.

Christian Hinrich Eckermann wurde am 30. 11. 1833 in Elmshorn geboren, wo er auch zur Schule ging. 1856 bestand er in Kiel das Landmesserexamen, danach arbeitete er bei Eindeichungsmaßnahmen und Stromvermessungen in Norderdithmarschen mit. 1864 wurde er als Königlicher Wegebauinspektor in Husum eingestellt. Hier lernte er Theodor Storm kennen, und aus der Bekanntschaft entwickelte sich eine Freundschaft für das Leben. Als Storm seinen „Schimmelreiter" schrieb, fand er in den technischen, den Deichbau betreffenden Fragen in Eckermann einen sachkundigen Berater. Nach weiteren beruflichen Stationen wurde Eckermann 1894 als Landesbaurat in die Provinzialverwaltung nach Kiel berufen. Dort starb er am 8. 6. 1904.

Johann Hinrich Fehrs: *Persepter Paulus Nothnagel (um 1845)*

Aus „Persepter. Ein kleines Kulturbild aus vergangenen Tagen", Verlag Georg Westermann, Braunschweig und Hamburg 1923.

Johann Hinrich Fehrs wurde am 10. 4. 1838 in Mühlenbarbek bei Itzehoe als Sohn eines Tierarztes geboren. Nach dem Besuch des Lehrerseminars in Eckernförde war er Lehrer in Reinfeld bei Lübeck und in Itzehoe. Dort starb er am 17. 8. 1916.

Johann Hinrich Fehrs erlangte seine Bedeutung als niederdeutscher Lyriker und Erzähler des Realismus.

Christian Mirow: *Die Normalschule in Ratzeburg (um 1850)*

Aus „Beiträge zur Geschichte des evangelisch-lutherischen Volksschulwesens Lauenburgs", Ratzeburg 1898. Ein Teil-Nachdruck wurde 1980 vom Verlag Dr. Rüdiger Martienß, Fachverlag für Revisions- und Treuhandfragen, Schwarzenbek, herausgegeben.

Christian Mirow wurde am 8. 1. 1818 in Klein-Zecher bei Mölln geboren. Seine Ausbildung zum Lehrer erhielt er am Seminar in Tondern. Hier traf er mit Klaus Groth zusammen, der sein Studiengenosse wurde und mit ihm sein ganzes Leben lang eng befreundet war. 1845 erhielt Christian Mirow, nachdem er vorübergehend als Hauslehrer und in Seedorf als Lehrer und Organist tätig gewesen war, die Stelle eines Kantors an der Ratzeburger Stadtschule. Daneben übernahm er auch noch den Unterricht im Präparandeum, aus dem 1878 das Ratzeburger Lehrerseminar hervorging.

Während der letzten zehn Jahre seiner amtlichen Lehrtätigkeit war er Leiter dieser Einrichtung. Christian Mirow starb 1905.

Johannes Schmarje: *Dorfschule in Moorrege (um 1850)*

Der Artikel erschien unter der Überschrift „Aus einer einklassigen Dorfschule vor 70 Jahren" im Schulblatt der Provinz Schleswig-Holstein (Schleswig-Holsteinische Schulzeitung), 70. Jg., 1922, S. 316–317, mit freundlicher Genehmigung der Gewerkschaft Erziehung und Wissenschaft, Landesverband Schleswig-Holstein.

Johannes Schmarje wurde am 21. 3. 1842 in Moorrege bei Uetersen als Sohn eines Lehrers geboren. Er wählte ebenfalls den Lehrerberuf und besuchte von 1862 bis 1865 das Segeberger Lehrerseminar. Nach dreijähriger Anstellung als Oberknabenlehrer in Heide wirkte er seit 1868 ununterbrochen in Altona, wo er auf die Entwicklung des Mittelschulwesens entscheidenden Einfluß ausgeübt hat. 1885 wurde er Rektor der 1. Knaben-Mittelschule.

Johannes Schmarje nahm in der schleswig-holsteinischen Lehrerschaft schon früh eine führende Stellung ein, seit 1875 gehörte er dem Vorstand des schleswig-holsteinischen Lehrervereins an. Außerdem hat er eine reiche schriftstellerische Tätigkeit entfaltet. Er starb am 1. 4. 1922 in Satrup.

Friedrich Paulsen: *Auf dem Gymnasium zu Altona (1863)*

Aus „Aus meinem Leben, Jugenderinnerungen", Eugen Diederichs Verlag, Jena 1909.

Friedrich Paulsen wurde am 16. 7. 1846 in Langenhorn in Nordfriesland als Sohn eines Bauern geboren. Dort besuchte er zwei Volksschulen und ab 1863 das Christianeum, die Gelehrtenschule in Altona. 1866 begann er mit dem Studium der Theologie in Erlangen. Sein Studium setzte er in Berlin fort, wo er sich 1875 als Dozent an der Universität niederließ und schließlich 1896 ordentlicher Professor für Philosophie und Pädagogik wurde.

Friedrich Paulsen war einer der besten Kenner der deutschen Schulgeschichte. Besonders bekannt wurde seine „Geschichte des gelehrten Unterrichts". Er starb am 14. 8. 1908 in Berlin.

Heinrich Johannes Dehning: *As Ünnerlehrer in Österraad (1870)*

Aus „En Schoolmeisterjugend voer 50 Jaar. En Kulturbild", Druck und Verlag von Heinrich Möller Söhne, Rendsburg 1925, mit dessen freundlicher Genehmigung.

Heinrich Johannes Dehning wurde am 2. 1. 1855 in Dükermühle in der Kremper Marsch als Sohn eines Schneiders geboren. Er ging dort bis 1870 zur Schule. Bereits in jungen Jahren mußte er – besonders in den Sommermonaten – als Stallknecht zum Unterhalt der Familie beitragen. Auf Vorschlag seines Lehrers wollte er ebenfalls Lehrer werden. Erste Erfahrungen sammelte er als Präparand in Osterrade und Wrohm (Dithmarschen). Von 1873 bis 1876 besuchte er das Lehrerseminar in Eckernförde. Danach kehrte er nach Wrohm an die Schule zurück. Später legte er die Mittelschulprüfung ab. 1883 wechselte er nach Elpersbüttel (bei Meldorf), 1888 nach Stellingen, wo er 1899 sein Amt aus Gesundheitsgründen niederlegen mußte. Er starb 1940 in Kiel.

Hans Calm: *Lehrerlehrling in Lübeck (1874)*

Aus „Freud und Leid einer Jugendzeit", Koehler und Amelang, Leipzig 1928, mit freundlicher Genehmigung von Koehlers Verlagsgesellschaft, Herford.

Hans Calm wurde am 9. 7. 1858 als Sohn eines Gastwirts in Lübeck geboren, wo er auch seine Jugend verbrachte. Nach seiner Schulzeit fing er 1874 in einer Privatschule als Lehrerlehrling an, verließ jedoch 1876 heimlich die Schule, fuhr mit einem Frachter nach Wolgast und begann dort mit der Schauspielerei. 1902 wurde er in Dessau zum Hofschauspieler ernannt, später war er Dozent für kirchliche Vortragskunst am Predigerseminar in Wittenberg. Hans Calm starb 1946 in Dessau.

Geert Seelig: *Auf der Kieler Gelehrtenschule (um 1875)*

Aus „Eine deutsche Jugend, Erinnerungen an Kiel und den Schwanenweg", Sonderveröffentlichung 6 der Gesellschaft für Kieler Stadtgeschichte, Kiel 1977, mit freundlicher Genehmigung von Herrn Dr. Geert Seelig, Hamburg.

Geert Seelig wurde am 6. 2. 1864 als Sohn eines Professors der Nationalökonomie in Kiel geboren. Er wuchs am Schwanenweg in unmittelbarer Nachbarschaft des Dichters Klaus Groth auf. Er besuchte in Kiel die Gelehrtenschule, an der er 1882 sein Abitur bestand. 1924 gab Geert Seelig eine Groth-Biographie heraus. Er starb 1934 als angesehener Rechtsanwalt in Hamburg.

Georg Marten: *Armenschule in Flensburg (1876)*

Aus „Jugenderinnerungen eines Flensburgers aus den Jahren 1870–1888", herausgegeben und mit einem Nachwort versehen von Dr. Wilhelm Klüver, Schriften der Gesellschaft für Flensburger Stadtgeschichte e. V., Nr. 28, Flensburg 1969, mit deren freundlicher Genehmigung.

Georg Marten wurde am 7. 6. 1870 in Flensburg geboren, wo er in sehr dürftigen Verhältnissen aufwuchs. Von 1888 bis 1891 besuchte er das Lehrerseminar in Tondern. 1903 legte er die Mittelschullehrerprüfung, 1907 die Rektorprüfung ab. Nachdem er 13 Jahre lang an ländlichen Volksschulen in Holzbunge, Nübbel und Kattbek tätig gewesen war, unterrichtete er von 1904 bis 1909 an Knaben-Mittelschulen in Tondern und Neumünster. 1909 wurde er Rektor der Mädchen-Bürgerschule in Heide, wo er 1932 in den Ruhestand versetzt wurde. Georg Marten starb am 3. 3. 1933.

Wilhelm Boysen: *Sedanfest (um 1900)*
Unveröffentlichtes Manuskript, Flensburg 1941, mit freundlicher Genehmigung des Alten Gymnasiums in Flensburg.

Wilhelm Boysen wurde am 30. 7. 1883 in Flensburg als Sohn eines Tischlermeisters geboren. Ostern 1904 machte er sein Abitur am Realgymnasium, danach studierte er Jura. Ab 1914 war er als Rechtsanwalt, ab 1920 als Notar in Flensburg tätig. 1928 erlangte er die Doktorwürde. Wilhelm Boysen starb am 30. 11. 1945 in Flensburg.

Jep Nissen Andersen: *Mien Reis' na'n „Knuust" (1922)*
Aus „Ut den olen Soot", Verlag Georg Christiansen, Itzehoe 1966, mit dessen freundlicher Genehmigung.

Jep Nissen Andersen wurde am 28. 9. 1896 in Rauberg bei Apenrade als Sohn eines Bauern und Dorfmusikers geboren. Er besuchte die Lehrerseminare in Hadersleben und Tondern. Seine erste Anstellung als Lehrer fand er in Apenrade. Nach der Abstimmung im deutsch-dänischen Grenzgebiet siedelte er nach Hohenwestedt in Holstein über. Seit 1922 war er an der Schule in Wenkendorf auf Fehmarn tätig.

Jep Nissen Andersen wurde bekannt als Heimatschriftsteller, er veröffentlichte zahlreiche niederdeutsche Gedichte und Kurzgeschichten. Er starb 1974 in Itzehoe.

Werner Gilde: *Wir lernen Chinesisch (1933)*
Aus „Leben ohne Rückfahrkarte", Husum Druck- und Verlagsgesellschaft, Husum 1983, © Mitteldeutscher Verlag, Halle-Leipzig, mit dessen freundlicher Genehmigung.

Werner Gilde wurde am 9. 6. 1920 in Horst in Holstein als Sohn eines Maurers geboren. Er besuchte in Elmshorn das Gymnasium und studierte in Göttingen Chemie und Physik und schloß dort nach dem Krieg sein Studium mit der Promotion ab. 1948 begann er in Thüringen als Ingenieur, 1953 wurde er Direktor des Zentralinstitutes für Schweißtechnik in Halle. Seit 1965 wirkt er als Professor an der TH Ilmenau und THC Leuna-Merseburg.

Peter Wapnewski: *Meine Schulzeit im Dritten Reich*
Aus „Meine Schulzeit im Dritten Reich. Erinnerungen deutscher Schriftsteller", herausgegeben von Marcel Reich-Ranicki, Deutscher Taschenbuch Verlag, München 1984, mit freundlicher Genehmigung des Autors.

Peter Wapnewski wurde am 7. 9. 1922 in Kiel geboren, wo er auch zur Schule ging. Er wurde Professor für Deutsche Philologie und lebt jetzt in Berlin, wo er bis 1986 Rektor des Wissenschaftskollegs war. Unter anderem veröffentlichte er „Die Lyrik Wolframs von Eschenbach" (1972), „Waz ist minne" (1975), „Der traurige Gott" (1978), „Richard Wagner, die Szene und ihr Meister" (1978) und „Zumutungen" (1979).

Claus Plambeck: *Kinderlandverschickung (1941/42)*

Aus „1984. 100 Jahre Sternschule zu Kiel", Kiel 1984, mit freundlicher Genehmigung des Autors.

Claus Plambeck wurde am 16. 9. 1928 in Kiel geboren, wo er von 1934 bis 1943 die Schule besuchte. Er ist von Beruf Landschaftsgärtner und lebt heute in Kiel.

Kurt Lütjohann: *Neubeginn in Hasloh (1946)*

Aus seiner Rede zum 30jährigen Bestehen der Schule in Hasloh 1982, unveröffentlichtes Manuskript, mit freundlicher Genehmigung des Autors.

Kurt Lütjohann wurde am 8. 2. 1918 in Kiel geboren, wo er auch zur Schule ging. Nach dem Abitur besuchte er von 1937 bis 1939 die Hochschule für Lehrerbildung in Kiel. Nach dem Krieg erhielt er seine erste Anstellung als Lehrer in Hasloh bei Pinneberg. 1958 wurde er nach Kiel an die 1. Knaben-Realschule versetzt, deren Konrektor er 1964 wurde. 1971 übernahm er die Leitung der Realschule in Heikendorf bei Kiel, 1979 wurde er pensioniert.

Christiana v. Barghorst: *Schulspeise*

Aus „Froschperspektive. Bilder einer Kindheit", Husum Druck- und Verlagsgesellschaft, Husum 1984.

Christiana v. Barghorst, ein Pseudonym, stammt aus alter aristokratischer Familie. 1940 geboren, lebte sie jahrelang in Norddeutschland, zunächst in einer kleinen schleswig-holsteinischen Stadt, dem Schauplatz des Buches. Nach ihrer Promotion zum Dr. phil. arbeitet die Autorin heute im Universitätsbereich. Vorher schon hat sie sich als Fachbuch- und Drehbuchautorin einen Namen gemacht. Sie war als Journalistin unter anderem an bedeutenden Wochenzeitungen tätig und wurde mit nationalen und internationalen Preisen ausgezeichnet.

Willi Rönnau: *„Kinnerfest ward wedder fieert!" (1947)*

Der Artikel erschien in einer Sonderbeilage der „Kieler Nachrichten" vom 31. 5. 1985. Der Abdruck erfolgt mit freundlicher Genehmigung des Autors.

Willi Rönnau wurde am 31. 3. 1937 in Preetz geboren, wo er von 1943 bis 1953 die Schule besuchte. Er lernte zunächst den Beruf des Schriftsetzers. Seit 1964 ist Willi Rönnau als Redakteur in Preetz tätig.

Inhaltsverzeichnis

HUSUM

HUSUM DRUCK- UND VERLAGSGESELLSCHAFT
Postfach 1480 · 2250 Husum